請叫我

軸心國
終結者

打敗希特勒、遠東戰役指揮、
二戰最英勇的元帥，開啟

拉、掃蕩地中海⋯⋯

代！

潘于真，馬夫 —— 著

二戰最強元帥，沒有他們和平就不存在！

麥克阿瑟、艾森豪、華西列夫斯基、朱可夫、蒙哥馬利⋯⋯
背負著世界歷史的使命，這是一場輸不起的仗！

目錄

目錄

■ 麥克阿瑟

目錄 ————————————————————

前言

　　1939 年 9 月前，中國的抗日戰爭、衣索比亞的抗義戰爭等世界反法西斯抵抗運動就拉開了序幕；1939 年 9 月 1 日，德國入侵波蘭，宣告世界反法西斯戰爭正式開始；1945 年 9 月 2 日，日本向盟國投降，昭示世界反法西斯偉大戰爭取得全面勝利。

　　這是人類社會有史以來規模最大、傷亡最慘重、造成破壞最大的全球性戰爭，也是關係人類命運的大決戰。這場由日、德、義法西斯國家的納粹分子發動的戰爭席捲全球，波及世界。這次世界大戰把全人類分成了決戰雙方，由美國、蘇聯、中國、英國、法國等國組成的反法西斯同盟國與以由德國、日本、義大利等國組成的法西斯軸心國進行對壘決戰。全世界的人被推進了戰爭的深淵，這簡直就是人類文明史無前例的浩劫和災難。

　　在這次大戰中，交戰雙方投入的兵力和武器之多、戰場波及範圍之廣、作戰樣式之新、造成的損失之大、產生的影響之深遠都是前所未有的程度，都創造了歷史之最。

　　戰火蔓延到歐、亞、非和大洋洲四大洲，擴展到 40 個國家的國土，有 56 個國家參戰，作戰區域面積 2,200 萬平方公里。在抗擊德義日法西斯的戰爭中，中國堅持了 8 年，英國 6 年，蘇聯 4 年 2 個月，美國 3 年 9 個月。雙方動員軍事力量約 9,000

前 言

萬，其中蘇聯 2,200 萬，美國 1,500 萬，英國 1,200 萬，軸心國德義日 3,000 萬。直接軍費開支 11,170 億美元，參戰國物資總損失價值達 40,000 億美元。

第二次世界大戰的勝利具有偉大的歷史意義。我們以客觀角度看待這段人類慘痛歷史，可以說，第二次世界大戰的爆發造成了人類巨大的災難，使人類文明慘遭浩劫，但同時，第二次世界大戰也開創了人類歷史的新紀元，是人類社會向前發展的巨大動力，也為戰後世界帶來了廣泛而深刻的影響。促進了世界進入力量制衡的相對和平時期；促進了殖民地國家的獨立；促進了許多國家的經濟、政治和社會改革；促進了世界科學技術的進步；促進了軍事科技和理論的進步；促進了人類思想的真理革命；促進了世界人民對和平的認知。

世界反法西斯戰爭的勝利是 20 世紀人類歷史的一個重大轉折點，它結束了一個戰爭和動盪的舊時期，迎來了一個和平與發展的新階段。我們回首歷史，不應忘記戰爭帶給人類社會的破壞和災難，以及世界各個國家和人民為勝利所付出的沉重代價。身為後人，我們應當認真吸取這次大戰的歷史經驗教訓，為防止世界大戰再次發生，維護世界持久和平，不斷推動人類社會進步而英勇奮鬥。

艾森豪

1. 投身軍校

德懷特・大衛・艾森豪，西元 1890 年 10 月 14 日出生於美國德克薩斯州的丹尼森，1892 年隨全家遷往堪薩斯州的阿比林。

1911 年，艾森豪考取美國海軍學院，卻因超齡而未被錄取；後經該州參議員推薦，考入美國軍事學院，即西點軍校。艾森豪在校期間並非模範學員，學習成績中等，但他注重交際，熱衷於橄欖球運動。可以說，正是軍校運動培養和發揮了他的組織領導才能。因西點軍校 1915 屆畢業班在第二次世界大戰中有 58 人晉升為將軍，故人們稱之為「將星雲集之班」。

1915 年，艾森豪從西點學校畢業並獲得少尉軍銜，旋即赴德克薩斯州聖安東尼奧任職。1916 年 7 月 1 日，艾森豪與瑪米・杜德結婚，同年晉升為中尉。1917 年 4 月，美國對德國宣戰之時，又晉升為上尉。戰爭時期留在國內任訓練教官。1918 年 6 月，艾森豪晉升為少校臨時軍銜。

1921 年艾森豪從陸軍坦克學校畢業，1922 年調往駐巴拿馬的第 20 步兵旅任參謀。旅長福克斯・康納將軍認為他很有發展前途，遂不惜時間和精力加以培養：講授軍事理論和軍事歷史，指導戰術制定。1923 年，經康納幫助而進入陸軍指揮與參謀學校（現為陸軍指揮與參謀學院）學習。1926 年，以第一名的成績

畢業後又經康納介紹赴法國進行戰場考察。1927 ～ 1928 年，艾森豪在陸軍軍事學院深造。1929 年，赴陸軍部助理部長辦公室任職。1933 年，改任陸軍參謀長麥克阿瑟的助理。1935 ～ 1940年，擔任菲律賓軍事顧問麥克阿瑟的高級助理。1936 年，晉升為中校。

1940 年 2 月艾森豪調到駐加利尼亞的第 15 步兵團任職，11月升任第 3 師參謀長。1941 年 3 月，升為第 9 軍參謀長。1941年 6 月出任第 3 集團軍參謀長，晉升為準將。在任職集團軍參謀長期間，因成功組織實施了大規模軍事學習，而受到陸軍參謀長馬歇爾的重視。

1941 年 12 月，珍珠港事件發生之後，艾森豪調任陸軍參謀部任陸軍參謀部作戰計劃部副部長，1942 年 2 月，升任作戰計劃部部長。就在此月，馬歇爾將作戰計劃部改組為美國陸軍最高指揮機構作戰部，並於 3 月任命艾森豪為作戰部部長。此後不久，艾森豪奉馬歇爾之命擬制歐洲盟軍聯合作戰計畫。艾森豪認為，美軍應以歐洲與大西洋戰場為主要策略方向，先將美軍的主要兵力兵器向英國集中，再橫渡海峽突向歐陸。

1942 年 5 月，艾森豪奉命赴倫敦考察軍事形勢和未來駐歐美軍的編制問題。6 月，在呈交考察報告《給歐洲戰區司令的指令》後被任命為歐洲戰場美軍司令，重返倫敦。7 月，晉升為中將。

2. 挺進北非戰場

1942 年 7 月，鑑於北美英軍及遠東美軍接連受挫和丘吉爾的極力支持，英美發動北非戰爭，8 月，艾森豪被任命為實施北非登陸的盟軍最高司令。盟軍司令部設在倫敦，根據美英聯合參謀長會議的指示指定作戰計畫。作戰計畫要點是：盟軍特遣部隊在法屬北非的阿爾及爾、奧蘭和卡薩布蘭卡實施登陸（代號「火炬」），占領沿海主要港口，然後由阿爾及爾登陸部隊向東搶占突尼斯，再待機與北非英軍協同作戰，消滅北非的德義軍隊。攻擊發起日定為 11 月 8 日。艾森豪任命克拉克為副司令，史密斯為參謀長，坎寧安為海軍司令。11 月 4 日，盟軍在巴頓、弗雷登道爾和安德森的指揮下，在卡薩布蘭卡、奧蘭和阿爾及爾登陸，與此同時，無線電臺向北非廣播羅斯福總統的友好聲明。

從 10 月起，美軍副司令克拉克和墨菲開始與法軍將官接觸，要求合作，但盟軍仍遭到法軍不同程度的抵抗。艾森豪設法與因故滯留北非的維琪法國武裝部隊總司令達爾朗達成合作協議。盟軍在北非登陸成功，艾森豪則被輿論攻擊為與維琪幹將勾結而險些被迫辭職。北非登陸使法屬北非及其軍隊歸屬盟國。

盟軍登陸前後，蒙哥馬利的英國第 8 集團軍與隆美爾的德國「非洲軍」正在埃及的阿拉曼激戰。11 月，隆美爾部退抵突尼斯。艾森豪命令安德森部隊搶占突尼斯，但搶占因指揮系統混

亂、蒙哥馬利行動遲緩和氣候惡劣而告失敗，盟軍只得就地轉入防禦。艾森豪因此陷入極度苦惱之中。大批德意志援軍趁機開進北非。

1943 年 1 月，卡薩布蘭卡會議決定，盟軍將在北非戰役之後實施西西里戰役，以改善盟軍的軍事失勢；任命艾森豪為北非戰區盟軍最高司令，亞歷山大為副司令兼地面部隊司令，特德為空軍司令。與此同時，艾森豪晉升為上將。會後，北非盟軍整編為第 18 團軍群（轄英國第 1 集團軍、英國第 8 集團軍、美國第 2 軍和部分法軍），由亞歷山大任集團軍群司令，在艾森豪之下負責直接指揮。

1943 年 1 月底至 2 月，隆美爾部隊經費德、加夫薩向卡塞林發動鉗形攻勢，費雷登道爾的美國第 2 軍在塞林蒙受重大損失。艾森豪急調巴頓任第 2 軍軍長。在盟軍的強烈攻勢下，鉗形攻勢結束。隆美爾部隊向梅德寧進攻失敗之後，隆美爾認為再戰無益，於 3 月 9 日報病回國，由阿尼姆代替指揮。根據艾森豪批准的突尼斯作戰計畫，英國第 1 集團軍（含法軍）從北部和中部進入突尼斯前沿陣地；美國第 2 軍則沿山地向東實施有限佯攻，把敵軍從第 8 集團軍的前線吸引過來並威脅敵軍的右翼。3 月 17 日，美國第 8 集團軍對馬雷斯防線的正面突擊失敗。北非戰役破壞了納粹德國的威信，為開闢歐洲第 2 戰場創造了基礎，北非戰役對艾森豪的指揮能力和領導地位都是嚴峻的考驗。

3. 掃蕩地中海

北非戰役之後，北非戰區盟軍司令部即改組為地中海戰區盟軍司令部。1943 年 6 月，艾森豪親自指揮盟軍攻占潘泰萊里亞島作為空軍基地。因為根據美英聯合參謀會議，攻克西西里戰役是以空戰為先導的。6 月 12 日，艾森豪在記者招待會上透露大致的作戰計畫，以此防止新聞記者透過推測性報導洩露作戰機密，結果獲得成功。6 月下旬，特德指揮空軍對戰區內的德意志空軍基地及其他軍事目標實施策略突擊，並於 7 月獲得控空權。根據作戰計畫，兩棲登陸作戰部隊為第 15 集團軍群（轄美國第 7 集團和英國第 8 集團軍），擔任主攻的蒙哥馬利部將在諾托登陸，沿東部海岸向默西拿突擊；擔任助攻的巴頓部隊將在傑拉灣登陸，先向北面和西北挺進並攻占巴勒莫，再沿北部海岸向墨西拿突擊，與英軍會師墨西拿，圍殲西西里守敵。9 月 9 日晚盟國空降部隊實施空降，地面部隊則於 10 日凌晨在惡劣的氣候條件下實施登陸，隨後得到空軍和海軍的火力掩護。面對鋪天蓋地的盟軍部隊，義軍毫無鬥志。英軍登陸之後，先後攻占傑拉、利卡塔、恩佩多克萊港、卡爾塔尼塞塔、馬頓莫和馬爾薩拉，但後來受到德國 4 個師的頑強抵抗。英軍的攻勢受阻之後，美軍成為突向墨西哥主攻部隊。得到增援的德義軍開始經由墨西拿向義大利本土撤退。8 月 17 日，盟軍進占墨西拿。

西西里戰役為盟軍的兩棲登陸作戰提供了有益的經驗，最終導致墨索里尼政府的垮臺和法西斯義大利的無條件投降。

9 月 8 日，艾森豪進軍義大利本土，經過一場激烈的戰鬥，最終於 10 月 1 日進占那不勒斯。此後，盟軍與德軍處於僵持狀態。

1943 年 11 月，在德黑蘭舉行了由羅斯福、丘吉爾和史達林參加的「三巨頭」會議。會議廣泛討論了國際局勢，美國和英國明確表明了 1944 年開闢歐洲第二戰場的決心，蘇聯則希望盡快決定此次作戰的盟軍最高司令人選。艾森豪在會後被任命為指揮「大君主作戰」的盟軍最高司令。

1944 年 1 月中旬，艾森豪抵達倫敦組建盟國遠征軍，自為副司令，史密斯為參謀長，布萊軒為美國地面部隊司令，蒙哥馬利為英國地面部隊司令，拉姆齊為海軍司令，利馬洛里為空軍司令。按照艾森豪設計的體制，上述軍種司令擔負著雙重角色：一方面，軍種司令是最高司令部成員，參與最高司令部制定計畫的工作；另一方面，軍種司令是整個軍事行動中指揮具體作戰的司令，擁有各自的司令部。為了獲得諾曼第地區的制空權，艾森豪將朝鮮在英國的戰術與策略完全置於其控制之下。

早在 1943 年 3 月，盟軍就在倫敦成立聯合參謀機構，研究和擬制歐陸作戰計畫。艾森豪在計畫的基礎上主持制定的「大君主」作戰綱要包括：在諾曼第海岸登陸並破敵軍的防禦陣地；用兩個集團軍群實施正面追擊，重點是在左翼取得必需的港口，

進逼德國邊境並威脅魯爾，右翼要和從南面進攻法國的兵力相連接；取得比利時、布列塔尼以及地中海的港口，以便沿著德國占領區的西界建立新的基地；按照兩翼包圍魯爾的方式發動最後的進攻，重點再次放在左翼，隨後朝著當時決定的特定方向直接突入德國；攻擊發起日定為 1944 年 6 月 5 日。與此同時，集中於英國的盟軍加緊進行以兩棲登陸作戰為重點的協同作戰演練，相當數量的登陸艇、特種坦克等逐步裝備部隊；空軍頻繁出動，以重創德國空軍，掌握制空權，孤立突擊地帶；情報部門透過「超級」和「魔術」破譯機構獲取德軍情報，氣象部門則密切注視氣候變化；開始製造人工港和防波堤，敷設通過海峽的輸油管道；採取軍事欺騙措施，使德國最高統帥部判斷失誤。「大君主」行動實施前夕，盟國在英國共集兵力 38 個師——計 287 萬人，坦克 5,000 餘輛，艦艇 9,000 餘艘，飛機 1.3 萬餘架。

處於防禦地位的倫德施泰特的德軍西線部隊（轄隆美爾的 B 集團軍群和布拉斯科維茨的 C 集團軍群）共 59 個師；施佩勒的空軍第 3 航空隊和克蘭克指揮的西線海軍集群，力量明顯薄弱。令人費解的是，倫德施泰特和隆美爾頗受限制；無權向施佩勒或克蘭克下達命令；未經最高統帥部批准，無權調動任何裝甲師；戰鬥行動地域及防守沿海地區的所有陸軍部隊管轄的範圍，縱深不得超過 20 英里。此外，倫德施泰特、隆美爾和最高統帥

部之間在防禦計畫方面亦有較大分歧。

6 月 4 日，在盟軍作戰會議上，艾森豪根據氣候形勢的變化，果斷決定將攻擊發起日改為 6 月 6 日。

1944 年 6 月 6 日凌晨，「大君主」作戰計畫開始實施。空降部隊在諾曼第地區的要害地域降落。空軍和海軍對沿海目標實施火力突擊和掃雷。盟軍 5 個師在海空的火力掩護和特種坦克的引導下向諾曼第海灘發起衝擊，登陸成功。

灘頭爭奪戰時期，盟軍（蒙哥馬利的第 21 集團軍群，轄美國第 1 集團軍和英國第 2 集團軍）主要透過激戰來鞏固和擴大登陸場。7 月，盟軍在攻占瑟堡和康城之後，登陸場擴大為正面寬 100 公里、縱深 50 公里的地帶。7 月 25 日至 30 日，美軍的「眼鏡蛇」戰役實現了對德軍防線的突破。8 月 1 日，布雷德利指揮的第 12 集團軍群（轄美國第 1 集團軍和美國第 3 集團軍）組成。隨後，美軍橫掃布列塔尼。盟軍挫敗莫爾坦反攻後，發現可在法萊斯形成對德軍的包圍圈。艾森豪命令實施圍殲德軍的作戰計畫。自 8 月 8 日起，盟軍透過機動兵力從北、西、南對法萊斯形成包圍態勢。直至 20 日，德國被俘 5 萬，死亡 1 萬。諾曼第戰役至此結束，德軍損失約 40 萬人，盟軍損失約 21 萬人。

8 月 25 日，盟軍攻陷巴黎。8 月，盟軍「鐵砧 —— 龍騎兵」作戰開始。9 月，實施「大君主」和「鐵砧 —— 龍騎兵」作戰的盟軍勝利會師。德弗斯的第 6 集團軍群開始歸屬艾森豪。

9月1日，艾森豪將司令部移駐法國並從蒙哥馬利手中正式接管地面部隊的指揮權。在此前後，美軍占領夏隆、蘭斯、凡爾登等地，強渡默茲河，英軍則攻下亞眠、里爾和布魯塞爾。艾森豪決定盟軍採取「寬大正面策略」，使德軍首尾不能相顧而加速崩潰。4日，艾森豪命令阿登以北部隊必須占領安特衛普，突破齊格菲防線，然後奪取魯爾區；阿登以南部隊必須突破齊格菲防線，然後奪取法蘭克福。英軍攻克安特衛普後，盟軍在齊格菲防線前受阻。12日，艾森豪晉升為五星上將。

1944年12月16日，德軍在阿登地區發動反攻（通稱突出部戰役），企圖攻占列日和安特衛普，迫使美英同意和談。德軍從聖維特地區出發，向西攻至美國第1集團軍的南部，最後進抵默茲河畔的迪蘭特。與此同時，德軍實施「格賴夫計畫」，組成能講英語的連隊，換穿制服，突入陣區製造混亂。17日，艾森豪對形勢正確判斷並採取相應措施。19日，艾森豪召開作戰會議，決定：北側盟軍先取勢，待機轉入進攻；南側盟軍則應盡早向北進攻。南側盟軍於22日發動進攻，迫使德軍由進攻轉入防禦；北側盟軍直到次年1月才發起進攻。

1945年1月，盟軍在胡法利茲會師，將德軍趕過初始防線。在突出部戰役中，盟軍傷亡7.7萬，德軍傷亡12萬。在突破齊格菲防線之後，盟軍攻占薩爾，將德軍趕過萊茵河，並搶占雷馬根地區的魯登道夫大橋，繼而控制萊茵河東岸，對魯爾

實施兩翼合圍。

4 月 18 日，德國 B 集團軍群 32 萬餘人投降。1945 後 3 月，艾林豪與蒙哥馬利就盟軍主要突擊方向發生分歧。蒙哥馬利主張向柏林快速突擊，先於蘇軍攻占柏林；艾森豪則認為主要突擊方向為萊比錫和德累斯頓（考慮到蘇軍至柏林遠比盟軍近，雅爾達會議規定柏林處於蘇占區，必須爭取蘇聯參加對日作戰），因而據此經受和蘇聯協調行動。5 月 2 日，蘇軍攻克柏林。德國代表到駐法國蘭斯的盟軍司令部治降。5 月 7 日和 8 日，德國代表在蘭斯和柏林簽署德國無條件投降書。

德國投降之後，艾森豪出任美國駐德占領軍司令。1945 年 12 月，艾森豪出任美國陸軍參謀長。1948 年，艾森豪退出現役，出任哥倫比亞大學校長。1950 年，艾森豪出任北約組織歐洲盟軍最高司令。1953 ～ 1961 年，艾森豪連任兩屆美國總統。為了使白宮辦公廳成為有效的總統行政機構，艾森豪仿參謀長制度而設辦公廳主任。艾森豪在任內被迫簽訂朝鮮停戰協定，但繼續奉行冷戰政策，並先後提出艾森豪主義、大規模報復策略和戰爭邊緣政策。

1969 年 3 月 28 日，艾森豪在華盛頓病逝，終年 79 歲。著作有《遠征歐陸》、《白宮歲月》、《艾森豪的戰爭經歷》等。

艾森豪

蒙哥馬利

1. 從小醉心於權力的追逐

西元 1887 年 11 月 17 日，伯納德・勞・蒙哥馬利出生在倫敦肯寧頓區板球場聖馬克教區牧師寓所。

1889 年，蒙哥馬利的父親被任命為澳大利亞塔斯馬尼亞的主教，全家便搬到那裡。蒙哥馬利在塔斯馬尼亞所受的教育是由英國家庭教師傳授的，學識較少。

1901 年，蒙哥馬利隨父母返回倫敦，並於次年 1 月進入聖保羅學校讀書。

1907 年，19 歲的蒙哥馬利終於進入了桑赫斯特英國皇家軍事學院，實現了他想當一名軍人的願望。在那裡，蒙哥馬利開始意識到生活就是一場嚴峻的鬥爭，必須透過艱苦的工作和絕對的努力才能獲取成功。

1908 年 9 月 19 日蒙哥馬利被分派到皇家沃里克郡團。他沒有別的興趣和愛好，選擇軍事職業後，他便全心全意地投入。

1918 年第一次世界大戰結束時，任師司令部中校一級參謀。1920 年 1 月，蒙哥馬利跨進坎伯利參謀學院的大門，同年 12 月畢業後，參加愛爾蘭戰爭。1926 年 1 月，被調回參謀學院任教官。1930 年，陸軍部選派他擔任步兵教令的重編工作。1934 年被任命為奎達參謀學院的首席教官。1937 年，調任第 9 步兵旅旅長，因帶兵有方，得到當時南部軍區司令韋維爾的賞

識。1938 年 10 月任駐巴勒斯坦第 8 師師長，參與鎮壓巴勒斯坦人的武裝暴動，被晉升為少將。1939 年 8 月，調回國內接任以「鋼鐵師」著稱的遠征軍第 3 師師長。

第二次世界大戰爆發後，蒙哥馬利率第 3 師隨同英遠征軍橫跨英吉利海峽，進入法國。1940 年 5 月，德軍閃電襲擊西歐時，他與法、比軍隊並肩作戰，後被迫隨英國遠征軍從敦克爾克撤回英國。1941 年先後任第 5 軍、第 12 軍軍長。12 月又升任東南軍區司令，負責選拔、調整、培養各級指揮官，嚴格訓練部隊，提高軍事素質。1942 年，蒙哥馬利奉命飛往開羅指揮第 8 集團軍。

2. 擊潰隆美爾

1942 年 8 月 31 日，德軍統帥隆美爾向北非英軍發動了進攻。

蒙哥馬利對隆美爾的非洲軍團設計了一個英國軍隊從未設想過的陷阱，使隆美爾的進攻落得個搬石頭砸自己腳的結果。蒙哥馬利以紐西蘭師箱形陣地的南翼側為基礎，在箱形陣地與阿拉姆哈勒法山之間的缺口內部署了第 22 裝甲旅，該旅坦克都在隱蔽陣地上掘壕固守。他把從尼羅河三角洲匆匆調來的第 44 師的兩個旅配置在阿拉姆哈勒法山脊上。第 23 裝甲旅作為預備

隊配置在第 22 裝甲旅後面。第 8 裝甲旅配置在哈勒法山脊以南一個靠後的陣地上。第 7 裝甲師則配置在哈勒法山脊南面，向西保持一個寬大的正面，當敵人襲擊時，馬上撤退；當敵人襲擊轉向左面，逼向阿拉姆哈勒法山地時，就從東面和南面進行騷擾。

不管隆美爾採取什麼樣的進攻方法，這樣的部署都能將他堵住。如果他朝正東方向進攻，那他將被第 8 裝甲旅堵住，而第 22 裝甲旅和兩個師的炮兵將從其左側猛擊。如果他突破地雷場後向左側出擊，那他將面對配置在隱蔽陣地上的第 22 裝甲旅，而在他的右面則是嚴陣以待的第 8 裝甲旅。總之，不管隆美爾朝哪個方向行動，都將被困住，當隆美爾被困時，英國空軍的飛機將以密集隊形對其輪番攻擊，實施「地毯式轟炸」。此外，蒙哥馬利還將以空前集中的方式使用炮兵，把他在英格蘭用無線電同時指揮大量火炮射擊的試驗用於實戰。

對付隆美爾進攻的計畫一經制定，就開始進行各項準備。在戰役開始前幾天，第 8 集團軍官兵都非常鎮靜。當時的紐西蘭第 5 旅旅長霍華德・基彭伯格後來在回憶錄中寫道：「他（蒙哥馬利）向我們詳盡地說明了整個戰役計畫。我非常喜歡這一計畫。我覺得它比以往任何一次戰役計畫都高明。更令人高興的是，我有了一種主意已定、鎮靜自若的感覺，這種感覺無疑是從集團軍司令部那裡感染來的。這是第一個典型的蒙哥馬利式

戰役，一切準備活動都是在不慌不忙、時間充裕的情況下完成的。當德軍進攻時，一切都已準備就緒了。」

然而，蒙哥馬利的對手隆美爾卻並不鎮靜。當時，隆美爾不僅疲勞不堪，而且有病。他的醫務顧問曾向最高統帥部報告說：隆美爾患有胃潰瘍和鼻病，血液循環也不好，不宜再擔任指揮職務了。隆美爾本人也建議讓古德林來替換他，但遭到拒絕。實際上，在哈勒法戰役之前和戰役期間，隆美爾的身心都不是處於最佳狀態。拜爾萊因將軍回憶說，隆美爾曾對他的醫務顧問說：「教授，我昨天做出的進攻決定是我一生中最困難的決定。其結果要麼是我們在俄國的德軍能夠抵達格洛茲尼，而我們在非洲能夠抵達蘇伊士運河，要麼是……」

蒙哥馬利判斷隆美爾可能在 8 月 25 日晚發動攻擊，但隆美爾當夜並未攻擊，第二天也無行動。到 27 日，蒙哥馬利根據最新情報，判斷德軍的攻擊將在兩夜之後。隆美爾的進攻延期，使第 8 集團軍有了較充裕的時間進行戰前訓練演習，進一步增強了戰勝敵人的信心。

8 月 31 日晚，蒙哥馬利像往常一樣，到了時間就上床。當隆美爾在半夜後發動進攻時，他早已睡著了。德·甘岡決定叫醒蒙哥馬利，把消息告訴他。蒙哥馬利答了一句「好極了，不能再好了。」馬上又睡著了。

事情完全像蒙哥馬利預料的那樣發生了。簡直可以說，在

阿拉姆哈勒法山戰役的最初幾個小時內，隆美爾就打輸了。實際上，英國空軍在 8 月 30 日黃昏就開始出動，用「威靈頓」轟炸機轟炸了隆美爾的裝甲車停車場。當非洲軍團在地雷場奮力開闢通道的時候，他們發現地雷場比預計的要寬得多，複雜得多。第一個通道直到 8 月 31 日凌晨 4 點 30 分才開闢出來。早上 8 點，隆美爾接到報告說，進展仍然十分緩慢。第 21 裝甲師的馮‧俾斯麥將軍被地雷炸死，而非洲軍團指揮官涅林也因受傷而不能指揮。拜爾萊因接管了涅林的指揮，並和隆美爾一起決定繼續進攻，企圖在夜間迅速向東猛衝。其結果是德軍坦克縱隊在雷場中進展緩慢而英軍第 8 集團軍和空軍則已完全做好準備：坦克已開到戰鬥位置待命，炮兵也已做好開炮的準備。由於坦克在鬆軟的窪地上行進非常浪費汽油，隆美爾採取了一個折衷方案，命令他的裝甲部隊向北做預定的左包抄行動。這樣德軍坦克就朝著英軍第 22 裝甲旅的隱蔽著的坦克開過來了。第 22 裝甲旅旅長羅伯茨準將後來寫道：

「它們開上來了，排成令人難忘的陣勢……現在它們全都向左轉了，面對著我們，開始慢慢地推進……我用無線電預先通知了各部隊，在敵人的坦克進入 1,000 碼距離以前不允許射擊。不久它們就進入這個距離了。幾秒鐘後，Ｃ‧Ｌ‧Ｙ 的坦克突然開火，激戰隨之而起。你一旦處於戰鬥當中，就很難判斷時間，似乎只過了幾分鐘，Ｃ‧Ｌ‧Ｙ 的所有『格蘭特』式坦克都開

火了。德軍的新式 75 毫米炮坦克造成我們很大的傷亡。敵人的坦克也遭到了重創，停止了前進。但情況仍然嚴重，我們的防禦陣地被打開了一個大缺口。我立即命令蘇格蘭龍騎兵第 2 團盡快離開他們的陣地來堵這個缺口。這時，敵人的坦克又開始慢慢前進，已經開到了離步兵旅的反坦克炮很近的地方。當德軍坦克進入幾百碼距離以內時，反坦克炮仍然保持沉默，接著突然開火，敵人遭到重大傷亡。但由於寡不敵眾，一些反坦克炮被敵人的坦克碾碎了。我請求炮兵緊急支援，炮兵立刻就向敵坦克開炮。由於炮兵的威力，加上敵人已受到嚴重傷亡，進攻被擋住了……」

　　隆美爾迫於燃料短缺，在那天傍晚就停止使用坦克了。這樣，非洲軍團就在皇家空軍的照明彈和炸彈以及第 13 軍炮兵的轟擊下停止了活動。翌日，敵人進行了一些零星的攻擊，但遠不如 31 日那樣猛烈。6 時 40 分，敵第 15 裝甲師對阿拉姆哈勒法山脊進行了短時間攻擊。7 時 5 分和 8 時 30 分，又分別進行了兩次小規模的局部攻擊。在此期間，敵人還與第 8 裝甲旅進行了一次劇烈交戰。霍羅克斯牢記著蒙哥馬利不允許第 13 軍的坦克從事近戰的指示，在損失了幾輛坦克後就把第 8 裝甲旅撤回了。

　　9 月 2 日，隆美爾開始了第一階段的撤退，並在 3 日加快了撤退速度。迫使隆美爾撤退的重要原因是沙漠空軍轟炸了隆美爾用以發動攻擊的後方基地托布魯克，使他得到補給的可能性消失

了。缺乏汽油意味著他無力重新發動攻擊。但蒙哥馬利拒絕了一切要求坦克發起進攻的請求，並且實際上禁止霍羅克斯繼續追擊敵人和占領希邁馬特高地。他說，要讓隆美爾保留下那裡的觀察哨，以便德軍能夠看到英軍準備下一個大戰役時將要採取的各種欺騙措施。到 9 月 7 日，非洲軍團已在英軍原來的地雷場及其後方站穩了腳跟，於是蒙哥馬利下令停止這次戰役。

在這次戰役中，德軍損失了約 2,900 人和 49 輛坦克及裝甲車輛；英軍損失了 1,700 餘人和 67 輛坦克，其中 13 輛「格蘭特」式坦克尚可修復。但英軍掌握了戰場主動權。

第 8 集團軍司令部充滿了興奮與喜悅的氣氛。但對蒙哥馬利而言，這種興奮的頂峰則是羅斯福總統的特使溫德爾．威爾基的光臨。蒙哥馬利親自陪同威爾基到前方區視察。正當盟軍在挪威、法國、希臘、遠東等戰場遭受挫折之時，能向美國總統特使展示德國軍團大撤退的景象確是一個令人自豪的時刻。

3. 突破阿拉曼防線

阿拉姆哈勒法戰役的勝利，猶如一針興奮劑，使第 8 集團軍的士氣空前高漲。9 月 7 日，戰鬥剛剛結束，蒙哥馬利便總結出那次作戰的經驗教訓，一共 10 條。9 月 10 日，蒙哥馬利向整個集團軍發布訓練指示 —— 第 8 集團軍第一號訓練備忘錄，並

且親自監督所轄 3 個軍進行訓練。9 月 14 日，蒙哥馬利制定出代號為「輕足」的阿拉曼戰役計畫。

這個計畫準備同時進攻敵人的兩翼。由利斯指揮的第 30 軍在北面主攻，在敵防線與布雷地帶打開兩條走廊。由拉姆斯登指揮的第 10 軍通過這些走廊後，在敵供應線兩側的重要地帶布下陣地，準備消滅隆美爾的裝甲部隊。在南面由霍羅克斯指揮的第 13 軍攻入敵陣地，與第 7 裝甲師聯合行動，把敵裝甲部隊吸引過來。這將有助於第 10 軍在北方展開攻擊。第 13 軍不應遭受嚴重傷亡，特別是第 7 裝甲師必須保持「完好」，以便在完成向內陸突進之後進行機動作戰。蒙哥馬利既不計劃在左翼進攻，也不準備在右翼進攻，而準備在中央偏右處突破。這樣，部隊打進去之後，便可根據情況，朝最有利的方向（向左或者向右）發展戰果。蒙哥馬利的計畫沒有得到總司令部參謀團隊的普遍贊同，因此他們向德‧甘岡施加壓力，要他讓蒙哥馬利改變主意。但總司令亞歷山大卻沒有反對蒙哥馬利的計畫。

9 月 17 日丘吉爾拍電報給亞歷山大，要求第 8 集團軍提前發動攻勢。於是，亞歷山大帶著丘吉爾的電報來到第 8 集團軍司令部，對蒙哥馬利說：「首相要求你一定在 9 月進攻。」蒙哥馬利回答說：「我不能在 9 月進攻，若讓我在 10 月進攻，我一定會打勝仗。」有關這件事，蒙哥馬利在其《回憶錄》中寫道：

「在我到達時，我曾對第 8 集團軍的官兵保證，在沒有做好

準備之前我不會發動進攻。從目前情況看，要到 10 月才能準備就緒。月圓期是 10 月 24 日，我認為應在 10 月 23 日夜間發動進攻，並報告了亞歷山大。白廳當即覆電。亞歷山大接到首相的電報說，進攻必須在 9 月發起，以配合俄國人的某些攻勢以及盟軍於 11 月初在北非海岸西端的登陸（『火炬』戰役）。亞歷山大前來看我，商量怎麼答覆。我說如在 9 月份進攻，我們各項準備來不及，攻了也要失敗；如果延至 10 月，我保證可獲全勝。我認為 9 月動手簡直是發瘋。難道真要照辦嗎？亞歷山大一如往昔，全心全意地支持我，因此，就照我所要求的那樣答覆了白廳。我曾私下告訴亞歷山大，由於我對官兵們許諾過，因而拒絕在 9 月發動進攻；假如白廳命令我在 9 月行動，那麼就讓他們叫別人來指揮好了。阿拉姆哈勒法山戰役之後，我的身價提高了。此後就再也沒有聽到 9 月發動進攻的事了。」

　　10 月 5 日，第 8 集團軍情報單位對隆美爾的防禦計畫提出最精確的分析。隆美爾的防禦計畫是他在 9 月 23 日回德國休養前制定的。隆美爾用大約 50 萬枚地雷，設置了一系列地雷帶，特別是在蒙哥馬利試圖突破的北部和中北部防線上，設置了兩條大致平行的地雷帶，並以防禦據點形成的「分割牆」連接南北兩面的主地雷場，其間隔為 4 ～ 5 公里，造成一連串的空白地區。設置空白地區的目的，是為了向突破部隊設置陷阱，因為攻擊部隊突破第一地雷帶之後，將被迫向「分割牆」左邊或右邊行動。

　　第 8 集團軍的整個訓練情況和這份新情報，迫使蒙哥馬利重新考慮他的作戰計畫。10 月 6 日，他放棄了第一個「輕足」計畫，而提出一個基於完全不同原則的計畫（代號仍為「輕足」）。他說：「過去一般公認的原則是，現代戰役計畫應當首先著眼於消滅敵人的裝甲部隊，一旦這個任務完成了，敵人的非裝甲部隊就很容易對付。我決定把這個原則顛倒過來，先消滅敵人的非裝甲部隊。在這樣做的時候，我暫不打他的裝甲師，留待以後再收拾它們。」他準備讓坦克屏護隊向前推進，堵住敵地雷場通道的西部出口，而用「粉碎性」打擊法有條不紊地消滅敵防區內的步兵。敵裝甲部隊不可能眼巴巴地看著非裝甲部隊被逐步消滅而按兵不動。它們將進行猛烈的反突擊。這樣，便正好撞上第 8 集團軍嚴陣以待的裝甲部隊。蒙哥馬利說：「粉碎性作戰行動是在一系列堅實的基礎上周密地組織起來的，而且也在我軍力所能及的範圍之內。」及早組織坦克屏護隊顯然是這種作戰方法的關鍵。蒙哥馬利甚至在地雷場的通道清掃完畢之前，就命令第 10 軍的各裝甲師緊跟著第 30 軍各先頭步兵師進入通道。此外，他還命令，假如在總攻擊日後一天，即 10 月 24 日，通道之敵尚未完全肅清時，各裝甲師必須自行掃清道路，進入開闊地帶。

　　拉姆斯登和他的師長們認為，按這個計畫打，步兵很可能受阻，而坦克如執行命令在地雷場上打出一條通路則可能帶來

災難。於是，他的 3 個師長向第 30 軍軍長利斯報告說，他們都對坦克執行任務的能力缺乏信心。利斯把這報告了蒙哥馬利。德‧甘岡也表示他懷疑拉姆斯登是否堅定。但蒙哥馬利不理會這些「無端的抱怨」，堅決要求各裝甲師嚴格執行命令。後來事實證明，他這樣做是正確的。

為了使敵人摸不清第 8 集團軍發動進攻的時間和地點，達成進攻的突然性，蒙哥馬利決定實施代號為「伯特倫」的欺騙計畫。這個計畫是 8 ～ 9 月間設計和制定的，是沙漠戰中迄今為止最精巧的欺騙計畫。計畫的總意圖是，在北方，不暴露第 8 集團軍的真正意圖和實際行動，而在南方，則要有意圖地顯示正在準備進攻的假象，使敵人摸不清第 8 集團軍發動攻勢的目的，進攻日期和主攻地帶。

整個欺騙活動是在集團軍範圍內進行的。除了採取謹慎地傳播有利於敵人的假情報等措施外，主要是從視覺上欺騙敵人。首先是偽裝前沿地區的巨大的彈藥和其他作戰物資堆集所。例如，離阿拉曼車站不遠，就設立了一個很大的堆集所。它可儲存補給品 600 噸，油料 2,000 噸和工程器材 420 噸。場地是露天的，偽裝得很好，除了偶爾有一些坑坑窪窪之外，看不出有堆集所的樣子。

其次是用假車輛扮演坦克和其他車輛的行動，使敵人對大量部隊在作戰陣地上集結逐漸習以為常。10 月 1 日，這些必要

的假卡車、大炮、武器牽引車等都要進入陣地。到了發動進攻前一天，當進攻的各師集結時，要在夜間把假卡車換成真的作戰用車。在準備進攻的各師開來的後方地區，表面上仍應保持全部的車輛密度，用假車輛替代開走的真車輛。這樣做完全是為了對付敵人的高空照相偵察。

　　早在總攻日前一個月，就為參加突擊的步兵挖好了細長的戰壕，供他們在 10 月 23 日晝間躺臥用，而且這些戰壕都偽裝得絲毫不露破綻。同時，為了表現出主要突擊可能來自南面，還在那裡鋪設了一條假輸油管。鋪設工作於 9 月下旬開始，施工日進度表明到 11 月初才能竣工。假輸油管長約 20 英里，在三個地方建造了假油泵房，並在其中兩個地方建造了給水站與儲油罐。此外，還用通信分隊模擬將在南面發動主攻的無線電通訊。為了把偽裝做得天衣無縫，只向下層軍官傳達將要發生什麼事，而且是在 9 月 28 日至 10 月 21 日期間按軍銜高低分批傳達。在最後一天，傳達到了普通士兵，並且停止了一切休假和進城活動。這些措施產生了這樣一種結果：「在黃昏來臨之前，23 日那天過得像阿拉曼前線上的任何一天。」（隆美爾語）

　　隆美爾在評述阿拉曼戰役時指出：「這一仗在射擊開始之前，就由軍需官們打了並且決定了勝負。」蒙哥馬利在前沿地區的後勤安排以及他從基地得到的後勤保障，使他的野戰火炮在阿拉曼戰役的 12 天裡，一共發射了 100 萬發炮彈，平均每門炮

每天發射 102 發，而他的中型火炮每天的發射量比這還要大。在其他各方面，蒙哥馬利也得到了充分保障。

關於英國軍隊和軸心國軍隊在這次戰役中的相對實力，就師的數量而言，雙方大致相等。德義軍隊集團有 8 個義大利師和 4 個德國師（其中 4 個坦克師，2 個摩托化師）以及 1 個空降旅，但各部隊的人員和裝備都不滿額。英軍第 8 集團軍轄 3 個滿員軍（第 10、13 和 30 軍），共 10 個師和 4 個獨立旅（其中 3 個裝甲坦克師，2 個裝甲坦克旅）。編入第 8 集團軍的有英國、澳大利亞、印度、紐西蘭、南非、希臘和法國的師和旅。但就人與裝備的數量而言，英軍占有決定性優勢。此外，他還擁有短而不中斷的交通線。

因此，蒙哥馬利對阿拉曼戰役的勝利充滿信心。10 月 19 日和 20 日，他分別召集第 13 軍、第 30 軍和第 10 軍所有中校以上的軍官訓話，告訴他們他的計畫的細節，他如何指導戰爭以及各個局部怎樣與總體計畫配合。他雖然堅信敵人將無法抵抗這次進攻，第 8 集團軍必將取得勝利，但也警告軍官們說：「這個仗將是一次艱苦而持久的戰鬥，我們的部隊絕不可以為有了良好的坦克和強大的炮兵支援，敵人就會投降。敵人是不會投降的，激戰就在前頭。」他預期「整個戰役大約需要 12 天」。

10 月 23 日，蒙哥馬利向第 8 集團軍官兵發表了一份私人文告。他在該文告中說道：「我們馬上要打的戰役將是決定性的一

仗。它將是戰爭的轉折點。全世界將注視著我們，關心這一戰役的進展……我們每一個人，不論是軍官還是士兵，都必須下定決心投入戰鬥，以戰鬥和殺敵的實際行動把戰爭進行到底，取得最後勝利……要求每個官兵懷著只要一息尚存就必須堅持到底的決心投入戰鬥。在未受重傷尚能作戰的情況下，絕不允許任何人投降。」他的私人文告使士氣高昂的集團軍官兵信心倍增。

10 月 23 日上午，蒙哥馬利舉行記者招待會，向戰地記者發表演說。他在演說中表現出來的必勝信念，使許多戰地記者大為震驚，都納悶他怎麼會那麼自信。當天下午，他和參謀長德・甘岡一起進駐位於第 30 軍和第 13 軍軍部附近的集團軍指揮所，準備在那裡控制作戰。為了能隨時訪問軍長們和部隊，他特地調來一輛「格蘭特」式坦克備用。

沙漠空軍的科寧厄姆也在作戰指揮所裡，在那裡有一個專供他使用的常設帳篷，這與戰爭早期陸、空軍互相隔離的情況已大不相同。大戰前夕，第 8 集團軍從上到下的氣氛都是輕鬆而鎮定的。利斯將軍後來對此做了較詳細的描述：

「作戰開始前的最後一天，我坐汽車慢慢巡視戰場一周，盡可能與各排、炮兵及坦克兵交談。車開得很慢，以避免揚起沙塵，引起敵人注意。我們取下了擋風玻璃，以免日光反射。士兵們多在沉靜或思考狀態中，很多人在寫信，不少隨軍牧師在

為他們舉行作戰前的最後一次布道。大家士氣高昂，期待著投入戰鬥，並且也了解眼前任務的重要性。每個人都知道他需要做些什麼，我想我們都知道賭注很大。集團軍的士氣很高，到處都顯而易見地存在著備戰的信心和成功的意志。」

「作戰前夜，我和集團軍司令共進晚餐。餐後，他問我要做什麼。我告訴他我想去看看炮兵陣地。他問我能看到些什麼，我又能做些什麼，然後說現在我沒有足以影響戰局的事可做。他說，我所能做的事，是早點上床睡覺，以便明日早晨以整潔的儀容出現，給部隊更多的信心……」

10 月 23 日晚上，蒙哥馬利看了一會兒書，很早就睡了。那天傍晚，接替隆美爾的斯圖姆將軍發給德軍最高統帥部的情況報告是：「敵情無變化。」但是，到晚上 9 點 40 分，英軍阿拉曼防線上的 1,000 多門大炮，同時向德軍炮兵陣地轟擊。剎那間，地動山搖，沙塵滿天。20 分鐘之內，英軍炮火已重創敵軍炮群。然後，這 1,000 多門大炮調轉炮口把暴雨般的炮彈傾瀉在敵前沿陣地上。接著，第 30 軍和第 13 軍的士兵，借助天空中的探照燈光和輕高射炮對固定戰線發射的曳光彈，衝進戰場上令人窒息的煙幕塵霧，向敵人展開進攻。一排排頭戴鋼盔的步兵，隨著尖厲急切的風笛聲，隊列整肅地向前挺進，月光下，刺刀寒光閃爍，高高端起的步槍殺氣逼人。

當第 30 軍的 4 個步兵師在一個最初寬 6 英里、後來逐漸擴

大到 8 英里的正面上以橫隊前進時，他們前面有 3 個主要目標地帶。第一個目標地帶叫做「酢漿草」，它沿米泰里亞山脊的西斜面延伸，然後向西北轉向腰形山脊的邊緣，接著轉向正北。「輕足」計畫規定於次日凌晨 3 點 10 分占領這個目標地帶。其次是「皮爾森」目標地帶，該地帶從腰形山脊的西端向東南延伸，規定於拂曉時由 3 個裝甲旅占領。最後是「小氣鬼」目標地帶，它在「皮爾森」目標地帶的正西，大致是從拉赫曼車站到泰勒阿卡基爾以南的一個區域，這是裝甲部隊奪取的目標。

在北面，以第 51 高地師為左翼側的澳大利亞第 9 師應奪取直到米泰里亞山脊的「酢漿草」目標地帶。山脊本身則由以南非第 1 師為翼側的紐西蘭第 2 師來占領。供第 1 裝甲師使用的走廊應通過高地師的正面直抵腰形山脊，而供第 10 裝甲師使用的第二條走廊則應通過紐西蘭師的地域，到米泰里亞山脊北段的反斜面為止。開始時由步兵師負責清除地雷，但後來每個裝甲師都必須用掃雷分隊為自己開闢 4 條狹窄的通道。最初，每一條通道僅幾碼寬，但要求盡快擴展。然而，夜間的戰鬥並沒有實現這個意圖，裝甲部隊不但沒有到達「皮爾森」目標地帶，甚至連「酢漿草」目標地帶的範圍也沒有超出。

由於蒙哥馬利實施的壓制敵炮兵火力的射擊和隨後的攔阻射擊使敵步兵的重武器和通訊設施遭到嚴重破壞，到 24 日凌晨前，敵人的防禦射擊都未能對英軍構成實際威脅。這樣，英軍

就能夠突破德軍的前哨防線向縱深推進。第 23 裝甲旅的「瓦倫廷」坦克團和 3 個步兵師一起推進，而紐西蘭第 2 步兵師則在整個第 9 裝甲旅的協助下向前推進。這些部隊要在必要時不惜一切代價奪取橋頭堡。

但奪取橋頭堡的任務卻受到了許多因素的影響。夜深後，敵人的抵抗加強了，越來越多的大炮向正在雷區摸索前進的英軍士兵、車輛和裝甲車射擊。除了在地雷場開闢通道碰到困難外，各處散布的地雷也造成了英軍嚴重的延誤與大量傷亡。由於沙漠中沒有什麼地貌特徵，煙塵滾滾能見度差，英軍在前進中遇到越來越多進行頑抗的敵防禦陣地。

10 月 24 日，蒙哥馬利進攻部隊的態勢大致如下：右面是澳大利亞第 26 旅；中央是紐西蘭師的大部分部隊，高地師第 154 旅配置在他們旁邊；而左面遠處的南非第 3 旅則還處於「酢漿草」目標地帶。另一個澳大利亞旅、高地師的另外兩個旅和一個南非旅仍然沒有到達目標地帶。第 23 旅和第 9 旅還沒有建立橋頭堡。到拂曉時，第 1 裝甲師的掃雷分隊僅在澳大利亞師的作戰地域內開闢出一條通道，而第 10 裝甲師所開闢的 4 條通道，沒有一條超出米泰里亞山脊頂峰。

從南面第 13 軍傳來的消息也令蒙哥馬利不怎麼放心。第 7 裝甲師本來應該像北面的第 30 軍那樣於 23 日 22 時開始進攻，突破「一月」和「二月」兩個地雷場，建立一個橋頭堡，以便進

一步向西擴大戰果；而第一自由法國旅則應占領希邁馬特山西邊山腳下的納克布賴拉高地。但一切都不順利。「蠍子」掃雷裝置被毀，部隊傷亡慘重，白天獲得的戰果僅僅是擁塞在「一月」地雷場兩側，「二月」地雷場尚未突破。法國人的運氣更壞，地面鬆軟，前進速度緩慢，反坦克炮運不上來，又在 7 點 30 分遭德軍反突擊。結果，兩個上校陣亡，損失了全部車輛，卻連一寸土地也沒有攻占。當時第 13 軍的處境是，要麼突破「二月」雷場，要麼在兩個雷場之間陷於崩潰。

蒙哥馬利逐漸明白了整體形勢後，於 9 時以後發布了 24 日的新命令：一、徹底打通北部走廊；二、紐西蘭師從「酢漿草」目標地帶和米泰里亞山脊向南擴張戰果。

24 日中午，蒙哥馬利在弗賴伯格的司令部召開了一次會議，下令蓋特豪斯的第 10 裝甲師必須在第 30 軍全部炮兵的支援下，於當天晚上打到紐西蘭師的戰線之外，進入開闊地帶。為了強調這一命令，蒙哥馬利還打電話給拉姆斯登參謀長重申：第 10 裝甲師必須推進到「皮爾森」目標地帶，以便為紐西蘭師的進攻提供保護，為此他準備接受重大傷亡。由此可見，在 24 日那天，蒙哥馬利已開始懷疑他的裝甲部隊指揮官的積極性了。他後來在《回憶錄》中坦率地說：「第 10 軍軍長在情況危急時沒有魄力，也木當機立斷；第 10 軍的裝甲師又普遍缺乏旺盛的進攻意志，可見這不是他們習慣打的仗。」

在此次作戰中，沙漠空軍持續地發揮作用，造成敵人嚴重的破壞。空軍不僅在進攻前對敵人的防禦工事實施了猛烈轟炸，而且在整個戰役過程中都對第 8 集團軍進行了不停頓的戰術支援。10 月 24 日，沙漠空軍大約出動了 1,000 架次，主要用於直接支援集團軍。「颱風」式戰鬥轟炸機痛擊了曾把自由法國旅擊潰的敵基爾集群。敵第 15 坦克師和利托里奧師的坦克集團遭到了輕型轟炸機和戰鬥轟炸機的穿梭轟炸，敵著陸場遭到了攻擊，而英軍戰線則有空中保護傘的保護。

當夜幕降臨時，為保障第 10 裝甲師向前推進的準備工作已在進行。但第 10 裝甲師卻說，「還沒有做好進攻的準備」。利斯向拉姆斯登查問時，發現拉姆斯登對這次作戰的可行性表示懷疑，因為山脊上地雷場的縱深比預計的要大，炮轟猛烈，情況混亂，而且英軍的掩護炮火越來越遠離這支停止前進的裝甲部隊。為了避免因炮轟而遭到更多傷亡，裝甲部隊必須馬上分散。因此，第 8 裝甲旅旅長卡斯坦斯 25 日凌晨向蓋特豪斯建議說，他的進攻應當取消。蓋特豪斯向拉姆斯登提出了同樣的建議，拉姆斯登同意這個建議並上報集團軍參謀長德‧甘岡。

這樣就發生了蒙哥馬利稱之為「戰役中的真正危機」，而德‧甘岡稱之為「第一絆腳石」的事件。德‧甘岡認為危機就在眼前，因此決定叫利斯和拉姆斯登於凌晨 3 點 30 分到集團軍作戰指揮所開會。然後，他叫醒了蒙哥馬利，把開會的事告訴了他。

　　利斯和拉姆斯登準時到達，並逐一向蒙哥馬利匯報了情況。簡單說來，情況是這樣的：第 10 裝甲師的一個裝甲團已經通過一條通道，進入開闊地帶，並且在拂曉前可望有更多的裝甲團出擊。但蓋特豪斯擔心，進入西斜面開闊地帶的坦克在拂曉時容易被敵人逐個瞄準消滅，他要求退回到東斜面比較安全的地帶，而拉姆斯登同意他的觀點。蒙哥馬利認為，任何遲疑或動搖都會使整個戰役毀於一旦。因此，他十分清楚地向拉姆斯登和蓋特豪斯表明，他的計畫必須貫徹執行，絕不允許撤退。他對拉姆斯登的一切懷疑現在都得到了證實，於是他把拉姆斯登留下來，坦白地對他說，如果他或蓋特豪斯不贊成繼續推進，他將找別人來代替他們。

　　當蓋特豪斯把拉姆斯登開會後下達的命令傳達給卡斯坦斯時，第 8 裝甲旅已經有兩個團越過山脊了，第 3 個團也正沿著走廊跟上來。但在早上 7 時，打出去的 3 個團又退回到山脊下隱蔽起來，而在他們左邊的第 9 裝甲旅和紐西蘭師的裝甲部隊則處於困境。早上 8 時，北面的裝甲部隊全部出動，進入開闊地帶。他們所進入的陣地，正是蒙哥馬利要求在前一天早晨 8 時應該到達的地方。英軍以極大的代價粉碎了敵人企圖摧毀英軍突出部的作戰行動。由於裝甲部隊楔入敵軍防線時建立了用以對付敵軍反突擊的陣地，蒙哥馬利現在開始指揮步兵部隊實施「粉碎性」打擊。

　　一支支部隊投入進攻，戰場上人山人海。數以千計的炮彈和炸彈不斷爆炸，滾滾的沙塵遮天蔽日，煙霧籠罩著整個西南面戰場。紐西蘭師陷入了異常激烈的苦戰。中午蒙哥馬利在紐西蘭師司令部召集軍長開會。會上，蒙哥馬利得出了這樣的結論：紐西蘭師進一步向南推進將付出太大的代價，因此他把進攻矛頭轉向北面，命令澳大利亞師開始進行「粉碎性」作戰行動。現在的形勢很明顯，只有北面戰線有獲勝的希望。24 日夜至 25 日黎明前，南面第 13 軍對「二月」地雷場實施的第二次進攻已經失敗。實際上，在第 50 師的一個旅企圖突破穆納西卜失敗後，蒙哥馬利在南面戰線的所有部隊就全都處於守勢了。

　　在 25 日夜至 26 日黎明前，澳大利亞師進行了一次乾淨俐落的進攻，而且迅速獲得成功。但第 1 裝甲師和高地師卻沒有取得什麼重要進展，第 8 集團軍的進攻勢頭逐漸減弱。此外，隆美爾在 10 月 25 日夜又回到了前線指揮所，這必然會增強軸心國部隊的反攻力量和聲勢。

　　在 23 日至 26 日拂曉這段時間裡，整個第 8 集團軍的傷亡和失蹤人數估計為 6,140 人，被打壞不能使用的坦克約 300 輛，但卻遠遠沒有達到蒙哥馬利預定在 24 日要達成的目標。蒙哥馬利已面臨步兵短缺的問題。因此，他在 10 月 26 日不得不用一整天的時間來周密地思考戰場的形勢。

　　隆美爾也有許多問題要考慮，並為許多問題所困擾。他有

127 輛坦克被摧毀，並且修理設備不如英軍好，現在只剩下 148 輛德國坦克和 221 輛性能較差的義大利坦克。他的燃料短缺，而運送石油和彈藥的輪船又在海上被擊沉。他的部隊進行反突擊，卻收效甚微。他已經感到絕望，於是向元首司令部報告說：「除非供應情況得到改善，否則這場戰役就要輸掉。」

蒙哥馬利經過一番周密考慮後，他的頭腦清醒了，行動計畫明確了。26 日中午他發布了第一組命令：命令高地師繼續在第一目標地帶內掃蕩；命令澳大利亞師準備在 28 日夜間向北發動第三次進攻；在此期間，第 30 軍除了幫助第 1 裝甲師推進到腰形山脊以外，將不實施重大作戰任務；第 7 裝甲師則繼續休整。但更重要的是，他已決定實施大有希望獲勝的舉動，並透過重新部署部隊來建立一支強大的預備隊，以實施猛烈的最後打擊。晚上，他召集了一次會議來討論如何完成這項稱之為「增壓」行動的任務。作為第一步，他把本戰役中尚未參加過激烈戰鬥的南非師和印度第 4 師從翼側調到右邊，從而讓紐西蘭師撤到休整地域。然後，他向第 7 裝甲師發出預先號令，讓它做好準備向北開進。在此期間，第 10 裝甲師應繼續努力作戰，以取得新的戰果。

第 10 裝甲師於 26 日夜至 27 日黎明前向腰形山脊西北面的「山鷸」防禦陣地和西南面的「沙錐鳥」防禦陣地發動進攻。在第 30 軍和第 10 軍的炮兵的協助下，第 7 摩托旅的兩個營應在夜間

奪取這兩個陣地，以便拂曉時第 2 裝甲旅能夠越過「山鷸」，第 24 裝甲旅能夠越過「沙錐鳥」向前推進。這次戰鬥未能按計畫進行，但卻變成了整個阿拉曼戰役中最英勇的一次戰鬥，給了隆美爾裝甲部隊又一次沉重打擊。

到 28 日，蒙哥馬利已把他的新計畫準備妥當。這個新計畫很快就能為他和盟國帶來決定性勝利。早上 8 時，他下達命令給利斯和拉姆斯登：腰形山脊地區必須轉入防禦；第 1 裝甲師必須撤出戰鬥，重新編組。中午時分，他告訴弗賴伯格說，澳大利亞師在北面占領更多的地盤後，經過休整的紐西蘭師必須沿著海岸打下去。這項任務不是由弗賴伯格單獨完成，他將得到幾個步兵旅的支持，第 9 裝甲旅也將再次歸他指揮，該旅可優先補充坦克。同一天早上第 7 裝甲師受領了向北進攻的任務，它將把第 4 輕裝甲旅留下來，但帶上第 44 師的 133 步兵旅。這樣就為「粉碎性」打擊建立了一支強大的預備隊。那天夜裡，澳大利亞師採取了第一個步驟，進一步攻占德軍突出部的陣地。

有幾個師從前線撤走的消息很快就傳到了開羅和倫敦，引起了很大的恐慌。29 日上午丘吉爾問道：「我的蒙蒂在幹什麼呀，是不是讓戰鬥停下來？近三天來，他什麼事也沒有做成，現在卻要從前線撤走他的部隊。如果他打算使一場戰役半途而廢的話，為什麼他要告訴我們，他能在 7 天內突破敵人的防線呢？」12 時 30 分召開了參謀長委員會會議，會上艾倫·布魯克

不得不針對丘吉爾以及其他內閣成員的責難為蒙哥馬利辯護。但在史末資無條件支持布魯克以前，他的辯護沒有產生什麼效果，而且布魯克自己內心也有懷疑。他曾這樣寫道：「返回我的辦公室後，我在房間裡踱來踱去，被一種絕望的孤獨感折磨著。」

蒙哥馬利萬萬沒想到，他認為是完全合乎邏輯的軍事行動，竟會以截然不同的面貌呈現在倫敦的焦急不安的上司面前。但事情很快就清楚了。29 日上午，亞歷山大·凱西（駐開羅的國務部長）和亞歷山大的參謀長麥克里少將來到蒙哥馬利的指揮所，這使蒙哥馬利馬上明白白廳在驚惶不安。當凱西問要不要發一封電報給首相，使他在心理上對挫折有所準備時，蒙哥馬利回答道：「如果你發那樣的電報，那你一定會被攆出政治舞臺！」在蒙哥馬利向視察者講明自己的意圖後，客人們才愉快地走了。凱西和亞歷山大都向倫敦發去了讓白廳放心的電報。

接著，特德也找上門來。空軍也對蒙哥馬利的緩慢行動感到十分著急，擔心既定的進攻發動太遲，他們便不能奪取機場來救援馬爾他。蒙哥馬利讓特德看了「增壓」作戰計畫，但特德覺得這個計畫還不夠大膽，並為此進行爭論。蒙哥馬利回答說：「這是一次猛烈的較量。」特德只好聳聳肩膀說：「好吧，這是你們的戰役。」隨後，他們一起去吃午飯。飯快要吃完時，蒙哥馬利對特德說：「有一些關於隆美爾部署的新情報，這意味著一個

變化。」

　　這份情報具有非常重要的意義：澳大利亞師在上一夜的進攻中，發現與之交戰的德國部隊是第 90 輕裝甲師的第 155 戰鬥群。這不僅表明隆美爾的全部精銳部隊已投入了北面作戰地段，企圖堵住英軍沿海岸向西迪阿卜杜拉赫曼的進攻，而且表示隆美爾現在手頭已沒有德軍預備隊了。在這次戰役開始之前，蒙哥馬利的情報處長威廉斯就向他指出，德國部隊和義大利部隊是交錯地配置在一起的，如果能把它們分隔開，那麼突破完全由義大利部隊構成的正面就不成問題了。威廉斯所說的情況現在看來已經出現了，於是他和德・甘岡建議把「增壓」作戰的出擊線更向南移動一些，以使紐西蘭師能夠進攻德義部隊的接合部。蒙哥馬利立即改變計畫，決定澳大利亞師在 30 日夜間至 31 日黎明前，以相當大的力量向海邊發動第三次攻擊，但在第二天夜裡，「增壓」作戰的矛頭應對準軸心國部隊的接合部，主要打擊義大利部隊。

　　澳大利亞師打得很出色，該師雖然遭到頑強抵抗，進展困難，未能一直打到海邊，但他們奪取了公路和鐵路沿線的許多陣地，俘獲了 500 名德軍，並在隆美爾發動的許多次兇猛的反突擊中守住了陣地。

　　「增壓」作戰準備工作已全部就緒，但蒙哥馬利又把發起總攻的時間推遲了 24 小時。推遲總攻時間是弗賴伯格建議的，其

理由是：步兵感到疲乏；需要進行偵察；把不同的參戰部隊及其支援兵器結合在一起尚有困難。根據計畫，他將統率他的師和兩個步兵旅，即 151 旅和 152 旅（每個旅由一個「瓦倫丁」坦克團進行支援）向前推進。當時第 9 裝甲旅已加強到擁有 79 輛「謝爾曼」式和「格蘭特」式坦克、53 輛「十字軍」式坦克。該旅跟在弗賴伯格師的後面推進，越過步兵的目標，奪取泰勒阿卡基爾和拉赫曼車站以外的地方，從而形成一個屏障來保證第 1 裝甲師在拂曉以前編成戰鬥隊形，以進行預期的決定性坦克會戰。蒙哥馬利接受了弗賴伯格的意見，於 10 月 31 日 6 時 30 分將「增壓」作戰的總攻時間改為 11 月 2 日 1 時 5 分。

當「增壓」作戰行動在 11 月 2 日開始的時候，步兵師出色地完成了任務。151 旅和 152 旅在規定的時間內奪占了目標，在他們右側和左翼側的第 28 營和第 133 車載步兵旅也都奪取了能保證執行翼側保衛任務的陣地。至於第 9 裝甲旅，它的任務異常艱巨。

據了解，德軍在拉赫曼鐵路線上以及在泰勒阿卡基爾周圍築有堅固的防坦克壕和工事。弗賴伯格在進攻前召開的一次會議上說：「我們全都明白，用坦克去攻擊一堵由火炮構成的牆壁，聽起來真像是天方夜譚。這應當是步兵做的事，但我們再沒有多餘的步兵可供調遣，只好由裝甲兵來做。」第 9 裝甲旅指揮官約翰·柯里說，他的旅這樣打可能遭受 50% 的損失。弗賴

伯格回答說：「損失可能比這要大得多。集團軍司令說，他準備接受 100％的損失。」該旅進行的 11 英里截敵運動使人灰心喪氣。新補充的坦克效能很差，擺來擺去地開進時所捲起的滾滾沙塵使能見度變得極差。炮擊使坦克和士兵遭到損失和傷亡。一個分隊迷失了方向，不得不掉過頭來再往前趕。結果，該旅 3 個團的坦克中只有 94 輛在發起總攻時可以使用，而發起總攻的時間根據柯里的請求還推遲了半個小時。這一推遲雖然是不可避免的，但卻帶來了嚴重的後果，因為它使敵人贏得了 30 分鐘的時間。

但是，第 9 裝甲旅所實施的自殺性衝擊絕不是一場災難。從統計的數字看，該旅的傷亡是駭人聽聞的：94 輛坦克中有 74 輛被擊傷，傷亡官兵 230 人，而拉赫曼鐵路線上的敵火炮防線仍未突破。但另一方面，該旅摧毀了敵防線上的 35 門大炮，而且該旅倖存的坦克還堅持戰鬥了一段時間，使第 1 裝甲師的第 2 和第 8 裝甲旅得以爬出走廊，在開闊地上展開。但這兩個旅的進攻也被阻擋住了。但相對來說，非洲軍團的損失更大些：德軍有 14 輛坦克被擊毀，40 輛坦克被擊傷；在這一天裡，非洲軍團共損失坦克 70 輛，而它的坦克本來就所剩無幾。雖然蒙哥馬利有理由為他雄心勃勃的「增壓」作戰計畫未能最後解決問題而感到懊惱，但他所不知的是，在 8 時 15 分的時候，非洲軍團指揮官馮‧托馬將軍向隆美爾報告說，他的戰線只是勉強地維持

下來，如果英國人再繼續進攻，就將不可避免地被突破。如果說，勝利的實質在於敵軍士氣的潰敗，那麼，蒙哥馬利透過「增壓」作戰已經獲得了勝利，因為隆美爾在分析了他的處境後，已經決定撤退到防衛力量薄弱的預備陣地 —— 富凱。但是，就是這樣做也不會帶來什麼希望。隆美爾在呈送德軍最高統帥部的形勢報告中寫道：「在這種情況下，我們只能認為這支軍隊將逐步毀滅。」

而這時蒙哥馬利必須做的事則是結束這場「事先精心布置的戰役」，並組織追擊。希特勒幫了蒙哥馬利一個大忙，因為他在 11 月 3 日發給隆美爾的電報中命令：「在你目前所處的形勢下，除了堅持戰鬥以外，不能有任何其他想法，不得放棄一寸土地，要把每一門大炮、每一個士兵都投入戰鬥。」

當時非洲軍團只剩下 30 輛坦克。隆美爾知道，這是一道要部隊去送死的荒唐命令。然而他是個軍人，軍人的天職乃是服從命令。他把希特勒的電報給馮·托馬看，馮·托馬憤怒地聲稱，他不可能「不放棄一寸土地」。這時，英國裝甲部隊已突入德軍南面戰場。馮·托馬驅車前往察看戰場情況，結果被英軍坦克包圍，被迫投降。

11 月 3 日夜間，印度師和高地師實施了兩次猛烈的衝擊，於次日凌晨突破了非洲軍團的陣地。緊接著，成百上千輛坦克和裝甲車通過突破口，進入開闊地帶，向西面和北面猛衝而

去。儘管隆美爾並沒有下達撤退的命令，但非洲軍團已開始潰退。隆美爾要求部隊堅決抵抗，但根本沒有人再聽他的。隆美爾後來悲哀地寫道：「我們曾竭盡全力地加以避免的那件事終於出現了：我們的戰線崩潰了，全部摩托化的敵軍已經擁進了我們的後方。上級長官的命令再也不能算數了。我們必須挽救還可以挽救的東西。」

11 月 4 日 9 時 15 分，蒙哥馬利發布文告說：

「目前的戰役已持續了 12 天，在此期間全體官兵英勇作戰，使敵人遭到了很大損失。現在敵人已達到了崩潰點，正企圖撤退。皇家空軍正在襲擊沿主要的海岸公路向西移動的敵軍部隊，使之遭到重大傷亡。敵人已在我們的控制之下，崩潰在即。我號召全體官兵繼續對敵施加壓力，不得有片刻鬆懈。我們有可能擒獲敵人整個裝甲集團軍，我們一定要做到。我為已經取得的一切成就向全體官兵祝賀。徹底勝利已經在望。我已代表你們向皇家空軍發去一份賀電，感謝他們對我們的巨大支持。」

11 月 4 日上午，隆美爾接到他的參謀長韋斯特法爾打來的電話說，他右面的義大利師已經瓦解。13 時，當時已接管了非洲軍團的拜爾萊因又報告說，馮‧托馬將軍在前線失蹤了，可能已被打死（實際上是當了俘虜），而他本人則徒步逃脫了敵裝甲部隊的攻擊。隆美爾意識到，他的戰線已無可挽回地崩潰

了，於是只好不顧希特勒的命令，於 15 點 30 分發出了全面退卻的命令。次日凌晨，希特勒和義大利最高統帥部發來電報，認可了隆美爾的退卻命令。

11 月 4 日晚，蒙哥馬利與被俘非洲軍團司令馮·托馬共進晚餐，他們一起談論 9 月間的戰鬥和當時正在進行的戰事。晚餐方畢，蒙哥馬利立刻令人收拾餐桌，然後拿出一幅埃及沙漠地圖，攤在桌上。他對馮·托馬說：「我的部隊今晚將接近富凱，你有何想法？說說，你將如何處置，馮·托馬？」但是，馮·托馬不露聲色，只是說：「非常之嚴重，確實非常之嚴重。」實際上，英軍推進的距離連那一半都還不到。

蒙哥馬利在他的《回憶錄》中說：「真正的追擊於 11 月 5 日開始……我的最終目標是的黎波里；它曾經是第 8 集團軍所經常考慮的目標。」蒙哥馬利命令拉姆斯登指揮的第 10 軍擔任先發部隊；利斯指揮的第 30 軍留在出擊地帶以西進行整編；霍羅克斯指揮的第 13 軍負責打掃戰場和收集敵我遺留下來的所有軍事物資。

11 月 5 日凌晨，隆美爾本人到達富凱並在那裡建立了司令部，在這一天晝間，非洲軍團的大部分部隊、第 90 輕裝甲師和若干義大利摩托化部隊也到達了。隆美爾原打算在富凱停留一段時間，以便讓正在行軍的步兵（特別是南面的義大利步兵）擺脫困境，但他很快就發覺停留是沒有希望的。11 月 5 日夜間，

當隆美爾認清必須拋棄步兵讓他們聽天由命後，就命令機動部隊向馬特魯港撤退。撤退途中，德軍的交通嚴重阻塞，為英國空軍提供了良好的攻擊目標。儘管英空軍對德軍造成的實際破壞可能不如預期的那麼大，但德軍檔案卻一致認為，英國沙漠空軍似乎在晝夜不停地進行空中監視，對軸心國退卻部隊的士氣造成了很大損害。在「十字軍」行動中，大雨曾拯救隆美爾，而現在大雨又來營救非洲軍團了。紐西蘭師正向富凱衝去，第 1 和第 7 裝甲師則向馬特魯分進合擊。這時，天空突然劈頭蓋臉地下起暴雨來，幾分鐘之內就使堅硬的路面變成了無法通行的沼澤。11 月 7 日，整個追擊部隊都被迫停止前進。雖然沙漠空軍繼續給德軍以沉重的打擊，但德軍還是充分利用這 24 小時的喘息時間，使絕大部分的殘餘部隊都能沿海岸公路撤走。

11 月 8 日，蒙哥馬利進入馬特魯港時，發現隆美爾已於頭天夜間離去。在馬特魯港，蒙哥馬利險些遇難。事情經過是這樣的；他派遣一個偵察組為他在馬特魯港一帶選擇司令部的地址，偵察組中有他的繼子迪克‧卡弗。當接近馬特魯港時，偵察組取道前往馬特魯港以東的「走私灣」海岸。不料，那裡還有德軍，於是這個偵察組被德軍後衛部隊俘虜了。要不是蒙哥馬利的警衛隊因為一場小遭遇戰而停止前進的話，他很可能走上那條通向「走私灣」的路。如果那樣的話，他就可能被敵人俘獲。

11 月 8 日上午，蓋特豪斯向蒙哥馬利報告說，第 10 裝甲師「是埃及最強大的師，擁有完整的 B 梯隊」，已經作好戰鬥準備，要求允許該師向薩盧姆和圖卜魯格推進。但蒙哥馬利不願冒「猛衝」之險，不願意冒被隆美爾踢回之險。他覺得隆美爾可能作困獸鬥，可能創造另一個奇蹟。把英軍從「杰別爾障礙」（有時也叫做「班加西障礙」）向相反的路線猛推回去。蒙哥馬利這樣寫道：「正像一位軍官對我說的那樣，『我們過去常到班加西度聖誕節，然後回埃及過新年。』我決心不讓這種事情再發生。」其實，蒙哥馬利完全沒有必要擔心被隆美爾踢回，因為到 11 月 10 日前後，德軍主要部隊僅剩下大約 4,000 人，僅有 11 輛坦克和少量野戰炮和反坦克炮。憑這種實力，德軍是無法將強大的英軍踢回去的。

當第 8 集團軍還在肅清馬特魯港的殘敵時，11 月 8 日傳來了蒙哥馬利一直在盼望的消息 —— 「火炬」戰役開始了。這個消息對隆美爾來說，是一個真正的致命打擊，它「宣告了非洲德軍的滅亡」。與拜爾萊因商議後，隆美爾得出的看法是：他必須迅速往西撤退……軸心國甚至現在就必須撤離北非。他希望不惜一切代價避免一場激戰，並且打算撤離昔蘭尼加，盡快地沿蘇爾特灣海岸往後撤退。但與此相反，墨索里尼卻企圖在東面盡可能遠的地方保留一個立足點，而且保留的時間越長越好。於是，希特勒下令堅守阿蓋拉隘道。

11月12日，蒙哥馬利把敵軍趕出了埃及。他向第8集團軍發布文告說：「今天，11月12日，在埃及土地上，除了俘虜外，再也沒有德國和義大利士兵了。……我們擊潰了德國和義大利軍隊，追擊了約300英里，到達並越過了邊界，把殘敵逐出了埃及……但北非還有殘敵。至於再往西，在利比亞，我們還大有可為，而我們的先發部隊現在已準備在利比亞動手。我們此次到班加西及其更遠的地方，將不再回來了。」

從文告的落款中，我們看見蒙哥馬利已不再是中將而是上將了。阿拉曼戰役之後，蒙哥馬利因為「戰功顯赫」在11月11日被提升為上將，同時被授予巴斯騎士勳章。

蒙哥馬利得到了亞歷山大的堅決支持並且不斷贏得丘吉爾的讚許，因此對更大的勝利充滿信心。11月15日，蒙哥馬利奪取了邁爾圖拜附近的幾個機場，接著又奪取了德爾納附近的機場，進一步贏得了首相的好感。雖然暴雨使邁爾圖拜在11月19日以前不能使用，但重要的護航船隊於11月20日到達馬爾他島，使該島復甦了。同一天，第8集團軍進入了班加西。兩星期後，第二個護航船隊到達馬爾他島。從那以後，該島再也沒有出現過嚴重危險。

11月23日夜間，隆美爾撤退到布雷加港和阿蓋拉地區，開始建立陣地。蒙哥馬利用少量部隊予以阻止，自己則停下來檢查所面臨的形勢。這是自10月23日發起阿拉曼戰役以來，首

次出現的長時間戰鬥間歇。在一個月的時間內，蒙哥馬利完成
了他應該完成的任務：在預定的期限內突破了阿拉曼防線，擊
潰了隆美爾部隊，連續追擊敵人上千英里，按要求的時間到達
邁爾圖拜，占領了馬爾他島。

在阿拉曼戰役中，儘管蒙哥馬利缺乏明確的追擊計畫，沒
有抓住最佳追擊時機，並且有時用兵過於謹慎，但他的指揮卻
是非常成功的。在他的正確指揮下，阿拉曼戰役在人員傷亡方
面付出的代價只相當於黑格的部隊在索姆河戰役的第一天所付
出的代價的 1/4。然而，與黑格不同的是，蒙哥馬利在自己所規
定的時限內決定性地贏得了一次具有重大策略意義的勝利。

4. 攻克非洲

12 月 11 日夜，蒙哥馬利率軍對阿蓋拉主陣地開始發起猛烈
進攻，並於 14 日進行全面攻擊。敵軍被趕出了阿蓋拉陣地。隨
後，蒙哥馬利又率軍隊向的黎波里塔尼亞挺進。1943 年 1 月 23
日凌晨，英軍攻下的黎波里，將義大利法西斯趕出了它在海外
領土的最後一個城市。

根據美國總統羅斯福、英國首相丘吉爾和法國抵抗運動領
導人戴高樂於 1943 年 1 月在摩洛哥召開的卡薩布蘭卡會議的決
定，英軍第 8 集團軍將與美國第 1 集團軍會師，合編為北非盟

軍，由艾森豪統一指揮，進入突尼斯作戰。亞歷山大任副總司令，負責指揮地面部隊。特德任地中海戰區空軍總司令。

要完成下一個重要任務 —— 突破馬雷斯防線，第 8 集團軍必須依賴的黎波里港供應作戰物資。因此，一占領的黎波里後，蒙哥馬利便致力於使港口暢通，以便船隻進港，每天能卸下大批物資。在第 8 集團軍的協助下，海軍創造了奇蹟。雖然港口設施被徹底破壞，港灣口完全堵塞，但由於海軍的努力，第一艘船於 2 月 3 日到達，第一個護航船隊於 2 月 9 日到達。到 2 月 10 日，港口日卸貨量就超過了 2,000 噸。

2 月 3 日和 4 日，英國首相和帝國參謀總長到第 8 集團軍視察。蒙哥馬利為他們舉行了閱兵式。參加檢閱的有蘇格蘭師、紐西蘭師、皇家裝甲部隊和皇家陸軍後勤部隊。部隊精神飽滿，威武雄壯，使丘吉爾留下了深刻的印象。首相的視察使部隊士氣更加高昂。

隆美爾把他的集團軍從的黎波里周圍的複雜地形中解脫出來以後，到 2 月初，德軍大部分已在馬雷斯防線站穩了腳跟。隆美爾與突尼斯德軍指揮官馮・阿尼姆之間的責任界限正好定在加貝斯隘口的北面。第 21 裝甲師已經進入馮・阿尼姆的轄區之內，這樣，兩條戰線互相交錯起來，而它們彼此靠得越近，就越能從「內線」的運用中得到好處。但不幸的是，由於隆美爾撤出的黎波里過於突然，使義大利人十分不滿，因此，義大利

人、凱塞林和希特勒的參謀機構全都反對他。這樣，德軍的力量反而被微妙地削弱了。

2月20日，隆美爾發起凱塞林戰役，在凱塞林隘口大敗美軍，使總體戰況顯得勝負未定。蒙哥馬利說，在那一天，「亞歷山大發給我一份緊急求援的電報，強烈要求我採取行動以減輕敵軍對美軍的壓力」。當時，蒙哥馬利的部隊已經進入了突尼斯，第7裝甲師和第51師的1個旅已經到達了本加爾丹。因此，蒙哥馬利在其《回憶錄》中說，「我加快了行動的速度，到2月26日，我們施加的壓力明顯地使隆美爾停止了對美軍的進攻。」

隆美爾從第1集團軍的正面撤走後，蒙哥馬利估計他很可能轉過身來向第8集團軍發起攻擊。在2月28日至3月3日這段時間，蒙哥馬利感到十分焦慮，認為英軍在前線還沒有足夠強大的力量來對付隆美爾可能發動的反攻。馬雷斯戰役很快就要打響，這是一項艱巨的任務，必須進行十分複雜的準備。但那時他主要考慮的卻是離他很近的梅德寧。梅德寧是他的集團軍的前哨，他估計敵人任何時候都可能向那裡發動進攻。果然，蒙哥馬利很快就得到了敵人向第8集團軍正面調動軍隊的情報。但是，蒙哥馬利並沒有慌亂。到3月4日，他的憂慮消除了，又恢復了自信。他的參謀長這樣寫道：「我們興奮地工作著，以便作好一切準備⋯⋯隆美爾喪失了他的機會，我們現在

又可以自由呼吸了。」蒙哥馬利本人則決定用阿拉姆哈勒法山戰役的戰法對付隆美爾。他把紐西蘭師從的黎波里調來，負責保衛梅德寧地區。第 7 裝甲師則部署在該師的右翼。第 201 近衛步兵旅暫時置於第 7 裝甲師的指揮之下，占領了一座叫做塔杰拉基爾的小山，來填補第 7 裝甲師與紐西蘭師之間的缺口。

3 月 5 日晚上，所有的跡象都表明隆美爾將於明晨發起進攻。果然不出所料，英軍在 3 月 6 日清晨的薄霧中看到兩群德軍坦克從馬雷斯防線內陸一端的群山中開出來了，沿著梅德寧與圖堅之間的公路摸索前進。大約在同一時刻，第 51 高地師面臨著德軍第 90 輕裝甲師和義軍斯皮齊亞師步兵的攻擊。接著，又發現一支敵裝甲部隊（第 10 裝甲師）從哈盧夫隘口向梅德寧衝來。

英軍的野戰炮和中型炮向推進的軸心國部隊進行了無情的轟擊，而反坦克炮則盡可能地直到最後一刻才開火。英軍發現，敵人的坦克和步兵之間的協同很差，非洲軍團已喪失了它往常所具有的衝勁。實際上，英軍的陣地沒有遭到任何突破，到中午時分，敵人就向後撤退重新編組了。但重新編組並沒有為敵人帶來什麼好處。敵三個裝甲師指揮官在一起協商後，決定派步兵在坦克前面推進。這是一種絕望的行為。敵人的步兵被英軍的炮彈打得焦頭爛額，人心慌亂，敵人的坦克進攻也是猶豫不決的。於是，隆美爾在下午 8 時 30 分下令結束他在非

洲進行的最後一場戰鬥。在這一天的斷續戰鬥中，英軍損失輕微，而隆美爾則傷亡了 653 人，更為嚴重的是，損失坦克 50 多輛。

與打阿拉姆哈勒法戰役一樣，蒙哥馬利只在自己選定的地點迎敵，而拒絕在既定的地點以外應戰。隆美爾撤退時，他也不追擊，以便戰鬥一結束就繼續籌劃馬雷斯戰役。正如阿拉姆哈勒法戰役有助於阿拉曼戰役一樣，梅德寧戰鬥也必將有利於馬雷斯戰役。

馬雷斯防線是法國人在興盛時期修建的，用來防止義大利人入侵突尼斯。它從大海向內陸延伸 22 英里到達邁特馬泰山麓，而荒涼高聳的邁特馬泰群山則把防線向西延伸直到沙海。這片顯然無法通過的沙海提供了強有力的翼側保護。德國人接管防線後，先後進行了改造和加固，結果使這條小型的馬奇諾防線即使不能說堅不可摧，至少也可以說很難突破。因此，馬雷斯防線對蒙哥馬利的指揮藝術提出了更嚴峻的挑戰。

蒙哥馬利認為，要對如此堅固的陣地作正面進攻是不大可能成功的，因為在邁特馬泰山和大海之間的迴旋餘地不大。因此，他計劃在邁特馬泰山以西的地區作包圍運動，同時進行有限度的正面攻擊，以資策應。但問題是，能否找到一條通過沙海的道路呢？早在 1942 年 12 月當他的司令部還在「大理石拱門」的時候，他就派遣了一個「沙漠遠程偵察組」前去沙海偵察

了。大約在 1943 年 1 月下旬，沙漠遠程偵察組報告說，他們在沙海找到了一個可以實施翼側包圍行動的隘口，即懷爾德隘口。通過懷爾德隘口，可以到達沙海那一邊的泰拜蓋隘口。通過泰拜蓋隘口，可以到達哈邁平原、加貝斯和大海。

於是，蒙哥馬利的計畫也就具體化了：一、第 30 軍以 3 個師的兵力進攻東翼，其目的是把敵軍預備兵力吸引到防線的東翼上去。二、抽調其他部隊，組建紐西蘭軍，從西翼迂迴，打入邁特馬泰山後方，攻取泰拜蓋隘口，爾後直撲哈邁平原。三、保留第 10 軍作為預備力量，以便一有機會就可投入無論哪一翼的戰鬥。四、整個作戰行動需要空中攻擊部隊給以集中而持續的支持。

有關馬雷斯防線及其周圍地區的大量情報，使蒙哥馬利認為，沿海岸大規模進攻而在內陸進行佯攻的作戰方案是可行的，這幾乎是在非洲海岸作戰的必然方式。如果兩方面的進攻都能夠發展到把敵人擊潰的地步，而不是其中一個僅僅是佯攻的話，那就具有更大的優勢。蒙哥馬利的馬雷斯戰役計畫使他在右翼的猛攻沒有奏效時能夠迅速轉移兵力，在左翼進行猛烈的、決定性的打擊。

3 月 14 日，亞歷山大下達了一項命令。要求美國第 2 軍向米克納西和加貝斯發起攻擊以威脅德軍的交通線，而第 8 集團軍則奪取馬雷斯防線。蒙哥馬利早已為奪取馬雷斯防線作好了

準備，現在只等把計畫付諸實施了。

　　新組建的紐西蘭軍共計 2.5 萬餘人，150 餘輛坦克，由弗賴伯格指揮。3 月 11 日深夜至 12 日黎明前，紐西蘭軍開始在位於梅德寧與懷爾德隘口中途的富姆泰塔溫集結。3 月 19 日，它已到達泰拜蓋隘口的西面。到 20 日，已作好突破隘口、向哈邁和斯法克斯進擊的準備。

　　第 30 軍對右翼發動的進攻定於 3 月 20 日 22 點 30 分開始，蒙哥馬利在 3 月 20 日向第 8 集團軍發布文告，號召全軍將士：「向突尼斯前進！把敵人趕到大海中去！」

　　馬雷斯防線的主陣地由第 30 軍來突破。該軍的第 51 高地師扼守戰線，第 50 師和第 23 裝甲旅在 3 月 20 日 23 時 15 分越過戰線向敵人發起攻擊。第 50 師的 151 旅企圖在濟格扎奧干河上獲得一個橋頭堡，便在雲梯的幫助下，不顧敵人猛烈的防禦火力，渡過了干河，奪取了敵人的兩個大據點。但當輪到支援坦克強渡時，事情卻搞得一團糟，參加那天夜裡攻擊的是第 50 皇家坦克團，坦克攜帶著大柴捆前進，以便把柴捆扔在干河裡，連成一條簡易道路。然而，坦克廢氣的熱度把許多柴捆點燃了，同時領頭的那輛坦克又淹沒在 3 英呎深的水裡，堵塞了道路。工兵們修了一條旁道，使三輛坦克到達了對岸。但後來旁道也堵塞了，直至該坦克團接到撤退命令時，渡過河的坦克只有 4 輛。

第二天夜裡，第 151 旅得到第 69 旅，又進行了一次強渡，有 42 輛坦克渡過干河到達對岸，與前一天渡過去的 4 輛坦克會合。但這僅僅是一次表面上的勝利，因為這些坦克在強渡時把道路都搞壞了，以致任何運輸工具和任何反坦克炮都不能隨同過河。這一點是致命的。次日下午，敵第 15 裝甲師就進行了兇猛的反攻擊，消滅了 30 輛「瓦倫丁」坦克，並把第 151 旅驅趕到干河的邊緣。到 3 月 22 日 2 時，蒙哥馬利看出這次攻擊已經失敗，就命令倖存的部隊撤下來，及時地終止了部隊的傷亡。

右翼的攻擊遭到了挫折，蒙哥馬利便馬上把進攻重點轉到左翼，用增援力量把弗賴伯格的軍隊變成進行突破的主要工具。第 30 軍被留下來以便將敵人的注意力吸引在馬雷斯陣地上，而印第 4 師則受領了向邁特馬泰山進擊的任務。這一任務看來是適當的，因為在 3 月 19 日夜至 20 日黎明前，敵第 164 師就開始撤離其山中陣地，向泰拜蓋隘口開拔了。英軍觀察到了敵軍的這一調動。

3 月 20 日早晨，當蒙哥馬利得知敵人已發覺紐西蘭軍正隱蔽在南側時，馬上命令它不必再隱蔽了，而應拚命北進，以完成任務。但是這些紐西蘭人在進行了出色的緊急行軍後，動作卻緩慢起來了。雖然蒙哥馬利給弗賴伯格發來了電報，要求他盡快到達哈邁，然後再向加貝斯地區和馬雷斯防線後方推進，但弗賴伯格卻沒有表現出任何緊迫感。在 3 月 21 日午夜至 22

日黎明前，第 8 裝甲旅和紐西蘭第 6 旅的旅長都想嘗試一下突破泰拜蓋隘口，但沒有得到弗賴伯格的支持。弗賴伯格沒有迅速採取行動，倒不是因為他缺乏鬥志，而是因為他認為他的部隊會處於可能招來敵人猛烈反擊的暴露位置。還有一個使他經常感到恐懼的問題，就是他既要使用又要保存紐西蘭部隊，因為這支民族部隊代表著一個人力有限的小國。

3 月 23 日，蒙哥馬利發給弗賴伯格一封電報說，第 1 裝甲師連同霍羅克斯的第 10 軍司令部將開來增援他。由於弗賴伯格錯過了一次突破的機會，他的軍隊力量顯然已不足以對付德軍。蒙哥馬利很了解弗賴伯格，知道怎樣掌握他。在阿拉曼戰役中，為了保證弗賴伯格進行「增壓」作戰行動，蒙哥馬利曾額外地多給了弗賴伯格幾個步兵旅。這次蒙哥馬利也覺得有必要給弗賴伯格以「鼓舞」，而熱情的霍羅克斯正好是從事這項工作的合適人選。然而霍羅克斯卻機敏地指出，弗賴伯格對於把一個軍司令部置於他之上這種做法不會感到舒服，因此他向德·甘岡建議，一切電報和命令都應當同時發送給兩位軍長。德·甘岡同意了這個意見，後來寫給他們的信件都是以「親愛的將軍們」開頭。

霍羅克斯率領第 10 軍軍部和第 2 裝甲師於 23 日 20 時出發，24 日下午趕上了弗賴伯格。雖然受到了冷淡的接待，但他和弗賴伯格都是久經戰火的軍人而不是小孩，因此他們立即討論了

蒙哥馬利關於當天在空軍掩護下進行攻擊的建議。15 時 30 分，他們對蒙哥馬利的建議作出答覆時指出，由於當地的地形特點，蒙哥馬利的計畫不宜執行，並提出了他們的 3 種方案。然後又進一步交換意見，制定出最後的作戰計畫：先由弗賴伯格軍突入，接著布里格斯的第 1 裝甲師立即跟進和實施突破。由於布里格斯否定霍克羅斯和弗賴伯格在晝間進行攻擊的要求，結果決定弗賴伯格於 16 時開始行動，把部隊開到離進攻出發線 4,500 碼的地方；然後，布里格斯把第 1 裝甲師的坦克開到離該點約 3,000 碼遠的地方休息。第 1 裝甲師將在這裡等待月亮出現，一旦有足夠的月光可以利用，該師即向哈邁長驅直入。

左翼的閃電攻擊於 3 月 26 日下午 4 時開始。白天，太陽在英軍背後，直射敵人的眼睛。當時風沙飛舞，英軍處於上風處，風捲沙土直撲敵陣。敵人原來只做好了對付夜間襲擊的準備，沒料到下午就遭到了猛烈的襲擊。在這次攻擊中，沙漠空軍用「真正的低空閃電攻擊」進行支援。沙漠空軍出動了 22 個中隊的「噴火」式戰鬥機、「貓」式轟炸機和「颶風」式反坦克飛機，把敵人陣地上的每一輛車輛，所有的可見和移動目標，都炸成了碎片。由於當時的進攻正面很窄，這種攻擊產生了毀滅性效果。

這種「低空閃電攻擊」是沙漠空軍司令哈里‧布羅德赫斯特少將設計的，可以說是當時陸空軍緊密協同的典範。但戰術空

軍司令部對此舉卻有過嚴重的憂慮。戰術空軍司令科寧厄姆認為風險太大，還派來一名軍官試圖勸阻。但布羅德赫斯特決定承擔風險，拒絕聽從勸告。結果，他以最少的損失（損失了 8 名飛行員）取得了最大的勝利，得到了空軍部的祝賀。

　　蒙哥馬利把這次進攻也取名為「增壓作戰」，但它比阿拉曼戰役中的「增壓作戰」更為成功。弗賴伯格一開始行動就奪得了必要的地盤。接著，第 2 裝甲師的坦克按時開到了它們的停駐線。23 時後不久，月亮就升起來了。雖然月亮被雲層遮暗蔽了，但在午夜時分，布里格斯還是開動了他的裝甲部隊。於是，在逐漸明亮起來的月光下，出現了英軍和德軍肩並肩地向哈邁快速奔馳的奇特景象，有時這兩支軍隊甚至混雜起來了。但是，英軍還是被德軍超過去了。敵第 164 師指揮官馮·利本斯泰因，費了很大功夫才把一些野戰炮和反坦克炮集合起來，組成一條薄弱的防線，使逃跑的軍隊在哈邁村以南幾英里遠的地方停了下來。但在那裡，戰鬥也逐漸變弱而最終停止了。總之，敵人已在主動地退卻。到 3 月 29 日，紐西蘭軍和第 51 高地師就向加貝斯開進了，蒙哥馬利已經獲得勝利。

　　德軍第 21 裝甲師掩護梅塞的集團軍撤退到了加貝斯隘口以北大約 20 英里的阿卡里特干河防線。然而，在 3 月 30 日和 31 日，第 21 裝甲師又離開那裡去和德軍第 10 裝甲師和義軍森泰羅師會合，以阻止美第 2 軍的推進。

　　隆美爾一直希望把他的軍隊撤到他所謂的「加貝斯隘口」，實際上，是撤到沿阿卡里特干河的防線。要是過去他能夠從阿蓋拉撤退到這裡的話，他可能已經獲得足夠的時間來加固阿卡里特干河的防禦工事，把它發展成一條比馬雷斯防線更堅固的防線，從而使他能夠在這裡進行相當長時間的抵抗。這裡是一個真正的隘道。防線的一側依託大海，另一側位於離海 12 英里的內陸，是根本不能通行的吉利特鹽沼澤和鹽湖。在離海 5 英里的地方，有一個高約 500 英尺、長 1 英里的鞍狀山脊。該山脊叫做「魯馬納」，十分險峻，大有一夫當關，萬夫莫開的氣勢。可惜的是，隆美爾已於 1943 年 3 月 9 日最後離開非洲，而且德軍也沒有時間來加固這道防線了。

　　霍羅克斯早在 29 日就派第 1 裝甲師和紐西蘭部隊對阿卡里特干河防線進行了偵察。他建議進行另一次閃電攻擊，但蒙哥馬利拒絕考慮這個建議。到 3 月 31 日，霍羅克斯就不得不承認單憑他的部隊是不可能突破這條防線的。蒙哥馬利決定先用第 30 軍的步兵進行常規攻擊，然後由第 10 軍的機動部隊來擴張戰果。進攻發起時刻定在 4 月 4 日深夜至 5 日黎明前。

　　蒙哥馬利的作戰計畫是：第 51 師將在右翼進攻，打開一個突破口讓第 10 軍來擴大戰果；印第 4 師將在左翼進攻，並向前推進到法特納薩高地下較低的地帶。印第 4 師開進戰線後，圖克根據巡邏報告和親自偵察的結果，得出了兩點結論：1. 即使

第 51 師奪取了魯馬納，法特納薩高地上的敵人仍能居高臨下地威脅整個戰場；2. 印第 4 師能夠奪取法特納薩。當圖克發現第 51 師師長溫伯利傾向於他的主張後，就向軍長利斯交涉並保證說，如果讓他的師在黑暗中奇襲法特納薩，他的師能夠在一夜之間奪取這塊具有威脅性的高地。利斯被說服後，就向蒙哥馬利進行交涉，於是修改了原計畫，同意了圖克的要求。鑑於敵守軍的力量比最初設想的強，就又在圖克的右翼增加了第 50 師。

正式進攻於 4 月 6 日 4 時在黑暗中開始，梅塞被打得暈頭轉向，因為他估計蒙哥馬利要等 10 天後月圓時才會發起進攻。在發起進攻前幾小時，圖克的廓爾喀士兵就向法特納薩高地上的哨所滲透了。這些廓爾喀士兵在不斷增強的後續部隊支援下，非常有效地執行了任務。到早晨，整個法特納薩高地就全被印第 4 師占領了。但在英軍戰線的右翼，卻是一團混亂。第 50 師在反坦克壕溝卜和魯馬納山脊下面的地雷場上進行了激烈的戰鬥。在魯馬納山脊上，第 51 高地師雖然已經奪得了陣地，但仍然遭到德義軍的兇猛反擊。該師的情況總結報告說：「毫無疑問，本師在這一天經歷了這次戰役以來最激烈的一次戰鬥。」但是，該師的英勇作戰並沒有迫使敵人配置在魯馬納山脊下的 88 毫米大炮退卻。這些大炮把在紐西蘭師前面摸索前進的第 8 裝甲旅的坦克一輛接一輛地擊毀，有效地阻擋了蒙哥馬利部隊的前進。

然而，這場戰役還是打贏了。那天下午，非洲軍團的高級軍官們開始絕望地商量對策。雖然第 15 裝甲師和第 90 輕裝甲師這些久經沙場的部隊仍和往常一樣兇猛地作戰，但它們的指揮官已喪失一切希望。4 月 7 日，戰線突然崩潰，梅塞命令部隊向西退卻。

4 月 10 日，第 8 集團軍占領了斯法克斯。艾森豪將軍的參謀長比德爾·史密斯 2 月間曾在的黎波里與蒙哥馬利討論如何盡快地使第 8 集團軍和第 1 集團軍在加貝斯北部會師。蒙哥馬利說，他將於 4 月 15 日前到達斯法克斯。史密斯說，如果他果真能做到這一點，艾森豪將軍將滿足他提出的任何要求。蒙哥馬利說他一定能做到這一點，希望能得到一架歸他個人使用的「空中堡壘」式飛機。史密斯同意了這一要求。

進入斯法克斯後，蒙哥馬利發電報給艾森豪說：「今晨 8 時 30 分進入斯法克斯。請派『空中堡壘』來。」艾森豪弄清情況後，為了維持良好的合作關係，就把一架「空中堡壘」連同一個美國空勤組送給了蒙哥馬利。4 月 16 日，飛機飛來了，於是，蒙哥馬利成了一名完全機動的將軍。為了這事，帝國參謀總長後來曾狠狠地責備了蒙哥馬利一頓，說他不應為比德爾·史密斯的一句玩笑話而當真，因為艾森豪得知這個消息時曾大發雷霆。

當第 8 集團軍推進到突尼斯的大山腳下時，它在軍事上已

沒有重大意義，只能作為一支牽制力量，把馮·阿尼姆的部隊盡可能多地牽制在昂菲達維爾。昂菲達維爾這個小村莊座落在離海大約 5 英里的內陸，它的周圍以及通向海的隧道都有防坦克壕加以防護，但這一切都只不過是要塞的前哨而已。要塞本身由一排聳立在北面的險峻的小山構成，其中 1,000 英尺高的加西山聳立在村子的西面，而在加西山的北後方則是姆代克爾山。此外還有向東北方向延伸的卜利達山、曼古卜山和泰拜蓋山。敵人在這樣的地形上建立的防禦陣地有兩大特點：一是敵人能夠看清山下平原上所發生的一切事情；二是設在頂峰線下的敵火器陣地有極好的天然屏障，第 8 集團軍的炮火打不到那裡。因此，對昂菲達維爾進行任何攻擊都必然要付出極大代價，而只能奪取極小地盤。要突破防線是不可能的，除非在人員和彈藥方面付出慘重代價，以至於使昂菲達維爾變成像索姆河或帕森達勒那樣的久攻不下的地名。

為了拖住敵人，蒙哥馬利必須不斷地向敵人施加壓力，使敵人誤認為第 8 集團軍將擔任主攻。紐西蘭師的一個營從接敵行進間發起攻擊，「突然襲擊」了加西山，但馬上就失敗了。接著又進行了幾次其他試探性攻擊，結果都一無所獲。最後，蒙哥馬利在 4 月 19 日深夜至 20 日黎明前發動了一場大規模的事先部署好的進攻。這次進攻的計畫要求印第 4 師奪取加西山，紐西蘭師奪取泰克魯奈及其周圍地區，而第 50 師則在右翼遂行

牽制任務，第 7 裝甲師照管左翼，並與第 1 集團軍的法國第 19 軍會合。印第 4 師把可供使用的 6 個營中的 4 個營投入戰鬥，犧牲了 500 ～ 600 人，卻只在加西山上奪得了巴掌大的一塊土地。紐西蘭師雖於 4 月 21 日下午占領了泰克魯奈，但卻傷亡了大約 500 人。蒙哥馬利不得不停止攻擊，變更部署。

4 月 23 日至 26 日這段時間，蒙哥馬利在開羅參與制定「赫斯基」（進攻西西里的代號）作戰計畫（他已於 2 月間被任命為該作戰行動的一個特遣部隊的指揮官）。在離去之前，他對霍羅斯特說：「現在我要你制定一個計畫，藉由沿著海岸的強大的進攻來突進到突尼斯。」但血的教訓使蒙哥馬利了解到，有裂縫的山坡能夠吞沒進攻者的人力，卻使防禦者實際上堅不可摧。於是，他最後放棄了進攻的計畫。

4 月 26 日蒙哥馬利回到昂菲達維爾後，患了重感冒和扁桃腺炎，臥床不起。鑑於第 1 集團軍最初對突尼斯的突破作戰並不成功，蒙哥馬利急於與亞歷山大商量怎樣迅速結束在突尼斯的戰爭，並轉而計畫西西里戰役，於是請求亞歷山大來見他。亞歷山大於 4 月 30 日來到第 8 集團軍司令部。蒙哥馬利對他說：「有必要整編第 1 和第 8 集團軍，這樣才能在最合適的地帶使用最大的力量來進攻突尼斯。」蒙哥馬利建議，由霍羅克斯帶領印第 4 師、第 7 裝甲師、第 201 近衛步兵旅和若干炮兵部隊前往第 1 集團軍的戰線，並接管那裡的第 9 軍，負責突破突尼斯的

作戰。亞歷山大表示完全同意。於是，蒙哥馬利和亞歷山大一起召見了霍羅克斯，並指示說：「你要突進到突尼斯，結束在北非的這場戰爭。」

霍羅克斯率領部隊前往第 1 集團軍，並於 5 月 6 日率軍從邁買茲巴卜北面發動強大的閃電攻擊，沿著邁傑爾達河谷一直衝進了突尼斯。5 月 12 日，敵軍有組織的抵抗結束，大約有 24.8 萬敵軍被俘。

5 月 13 日，繼隆美爾負責整個指揮的義軍總司令梅塞陸軍元帥向第 8 集團軍投降。至此，非洲戰爭全部結束，德義軍隊以慘敗告終。

第 8 集團軍對北非最後勝利所作的貢獻是巨大的。它把隆美爾和他的軍隊趕出埃及、昔蘭尼加、的黎波里，然後協同第 1 集團軍將他們全殲在突尼斯。從阿拉曼到突尼斯相距大約 2,000 英里，第 8 集團軍卻在 3 個月內拿下的黎波里，6 個月內拿下突尼斯，創下了光輝的業績。

1943 年 7 月，蒙哥馬利率第 8 集團軍在西西里登陸，與美軍勝利會師。

1944 年前夕，蒙哥馬利被陸軍部電召回國接替佩吉特指揮第 12 集團軍群，準備在英吉利海峽彼岸開闢「第二戰場」。第 8 集團軍交由奧利弗・利斯將軍指揮。蒙哥馬利負責指揮遠征歐陸開始階段的地面作戰，並指揮在英國的作戰行動。

回國後，蒙哥馬利對諾曼第登陸的總體計畫作了全面而細緻的準備。至 1944 年 5 月，他視察了在英國的各個部隊，和幾乎所有將參加諾曼第登陸行動的官兵都見了面，並向他們發表談話，使整個參戰部隊上下都充滿了信心。其間，蒙哥馬利還參觀了英國各地生產軍事裝備的工廠，向工人們發表演說，極大地掀起了群眾的熱情，並獲得了他們的廣泛支持。

經過全面的研究分析以及充分的準備，盟軍於 1944 年 6 月 6 日開始發起諾曼第戰役。他們首先以強大的空中力量猛轟德軍設防薄弱的灘頭陣地，陸軍則迅猛地在諾曼第東北部灘頭登陸。

在蒙哥馬利的精心策劃下，英國第 2 集團軍在左翼做出向內陸突進的威脅姿態，以便把敵軍的主要後援，特別是裝甲師牽制住；同時美軍第 1 集團軍從右翼出擊，爾後向南，再折往東面向環繞巴黎的塞納河前進。其目的是希望形成一個強有力的巨輪，以法萊斯為中心旋轉來切斷塞納河岸的全部敵軍。

進攻開始日那天的出擊收到了戰術上奇襲的效果。到 6 月 10 日，各灘頭占領區連成寬 60 英里，縱深 8 ～ 12 英里的一片。但由於敵人負隅頑抗，再加上天氣的惡劣，造成盟軍增援部隊無法到達，進攻受挫。

擔任主攻任務的美軍傷亡較大，英軍次之，這便引起了美國方面，尤其是盟軍最高統帥艾森豪對蒙哥馬利的不滿。為配合最後在美軍陣地進行突破的「眼鏡蛇」閉幕，7 月底，蒙哥馬

利命令第 2 集團軍重新集結力量，將主力從最左翼轉移至最右翼的科蒙。斷掉了敵軍後撤時企圖重建陣地的幾個關鍵地區。

8 月 19 日，盟軍消滅了陷於莫坦東面「袋形陣地」的殘敵，諾曼第戰役最終取得了全面而具有決定性的勝利。

5. 打敗希特勒

盟軍攻克巴黎後，歐洲戰爭的結束已近在眼前。但此時蒙哥馬利和以艾森豪為代表的盟軍最高統帥部和美國陸軍部門之間卻開始出現了重大的意見分歧。

蒙哥馬利主張以巴黎為中心，集中主力向東北方向挺進。目標是在比利時建立一個強大的空軍基地，在冬季到來以前攻下法、德邊界的魯爾，摧毀德國的軍事工業。

他計劃在該次戰役的西翼作戰由第 21 集團軍群負責，東翼的行動由 12 集團軍群負責，而由法國南部出發的龍騎兵直搗南錫和薩爾。蒙哥馬利主張應該確定主力方向以及在主攻地區確保強大的兵力，以便迅速獲得決定性戰果。

艾森豪則主張採用「寬大正面」策略，以塞納河為基地，向北起海牙、南至瑞士邊界的正面開闊地上的萊茵河各重鎮出擊，以殲滅敵軍力量。

蒙哥馬利指出若採用全線挺進、全面出擊的寬大正面策略，進攻就不會有力，以至最後非停止不可，這樣會給德軍以喘息機會，將戰爭時間拖延。雖然蒙哥馬利極力爭取，但由於艾森豪是盟軍最高統帥，他的意見終得實施。

根據決定第 12 集團軍群的主力仍揮戈東指，朝梅斯和薩爾進擊。正當蒙哥馬利為「七零八落」的戰場不安時，英國王室於 9 月 1 日晉升他為陸軍元帥。

9 月 4 日收復安特衛普和盧萬那天，他再次向艾森豪提出建議，但仍未得以採納和實施。由於物資匱乏，給養不足，蒙哥馬利無力迅速攻下魯爾，挺進柏林，也推遲了向阿納姆發動大規模進攻的計畫。在蒙哥馬利的反覆爭取下，計畫終於得以重新審訂。在與艾森豪致電交換意見後，他的計畫終於得到支持，但此時的情況發展卻已令人擔憂。

9 月 17 日，阿納姆戰役開始進行。由於盟軍最高統帥部未將此戰視為北翼的主要行動，作戰總體部署不妥，加上惡劣的天氣影響，盟軍未能如願攻克阿納姆北面最後的橋頭堡。9 月 25 日，前線部隊被迫撤退，阿納姆戰役未獲全勝。

12 月 6 日，由倫德施泰特指揮的德軍突然向美國第 1 集團軍正面即兵力薄弱的阿登地區發起強攻。其目的是極力爭取所謂「德國爭取戰爭勝利」的最後一次重大行動。進攻在美軍防線形成了一個相當大的突出部位。局面迅速惡化，第 12 集團軍群

最後被一分為二。

蒙哥馬利受命組織力量反攻。他把英國第 9 集團軍統轄之下，和美軍共同作戰，並要集團軍接管第 1 集團軍的某些陣地。在美軍後備隊組成之前，他將英軍配置於第 1 和第 9 集團軍後，充當後備梯隊。

在蒙哥馬利的組織部署下，情況漸趨穩定。隨後，他奉命指揮整個北方戰線的盟軍。盟軍協調一致、英勇戰鬥兩個星期，消滅了進攻的德軍，粉碎了倫德施泰特的陰謀。

阿登戰役後，艾森豪接納了蒙哥馬利的建議，集中力量進擊魯爾工業區的北線，並任命蒙哥馬利指揮和掌控盟軍作戰。

1945 年 2 月 8 日，美國第 9 集團軍配合加拿大集團軍向北進攻。到 3 月 10 日，美第 9 集團軍和第 21 集團軍群部隊在萊茵河西岸擺開陣勢。同時，美第 1 集團於 3 月 7 日完整拿下雷馬根的鐵路橋梁，並立即在東岸建立了橋頭堡。

3 月 23 日，蒙哥馬利指揮英、美聯軍強渡萊茵河，擊潰了北德平原上的德軍，之後便日夜兼程，向波羅的海沿岸進發，以防止蘇聯軍隊搶先進入丹麥從而控制波羅的海的入口。

5 月 2 日，部隊抵達波羅的海的維斯馬和呂貝克，在蘇聯軍隊到達前的 6 個小時封鎖了丹麥半島。

之後，英軍在東西向築起了兩條防線，第 2 集團軍兩天之內俘獲戰俘近 50 萬人。

　　5 月 4 日，駐荷蘭、德國西北部和丹麥的 150 萬德軍向蒙哥馬利投降。對德戰爭到了最後關頭，希特勒的法西斯德國面臨徹底崩潰。

　　1945 年 5 月 8 日，歐洲戰場的戰爭正式結束，由德國最高統帥部的軍事代表簽署了軍事投降書。

朱可夫

1. 寒門出英才

西元 1896 年 12 月 2 日，喬治·康斯坦丁諾維奇·朱可夫出生在原蘇聯斯科西南的卡盧加省一個普通的窮村莊裡。他的父母都是貧苦的下層人，家境淒苦，但自古寒門出英才，正是這種貧困的生活養育了朱可夫勤奮、樸實、堅毅的性格。

8 歲時，朱可夫進了一所教會小學。他背著用粗麻布縫的書包，和附近幾個村裡背著洋書包的小朋友一起去讀書，剛開始他有些自卑，但不久，這種自卑感便煙消雲散了，因為朱可夫聰明且勤奮，所以在同齡人中顯得出眾。朱可夫學習成績頂尖，另外由於他的嗓音很好，於是被收編到了學校的合唱隊。他的老師名叫謝爾蓋·尼古拉耶維奇·雷米佐夫，教書很有些經驗，從不無緣無故懲罰學生，也從不提高嗓門訓斥學生，為人很好，同學們都很尊重他。朱可夫在成人之後，常常以十分感激的心情懷念這位老師，因為正是這位老師引導自己熱愛讀書的。

1908 年夏天，朱可夫小學畢業了。為了謀生，他告別了父母，離開家鄉去莫斯科，到他舅舅米哈依爾·皮利開的毛皮作坊裡當了一名學徒工。

朱可夫心靈手巧、聰明過人，一年之後就成了徒工裡技術最好的一個。同時，他和與他年齡差不多的老闆的兒子亞歷山

大關係不錯，亞歷山大借書給他看，還常常幫助他學習俄語、數學、地理，有時他倆在一起讀科學讀物。

1914 年，第一世界大戰開始了。當時在沙俄的大力宣傳下，許多青年，特別是有錢人家的子弟、市民願上前線打仗。老闆的兒子亞歷山大‧別利也決定去，並極力勸朱可夫去。朱可夫一開始的確動心了，就找他最新交的好朋友桑多爾‧伊萬諾維奇商量。伊萬諾維奇說：「有錢的子弟是為了保住家中的財產去的。而你呢，你為什麼要去打仗？是不是因為你父親被趕出了莫斯科？你母親被餓的發腫？如果你打仗後，變成殘廢回來，誰還要你呢？」這些話把朱可夫說服了。他把這些話告訴了亞歷山大，結果招來亞歷山大一頓痛罵。無奈亞歷山大只好獨自一人上前線去了。

朱可夫繼續在作坊工作。這時，他與房東的女兒瑪麗亞正戀愛，並開始商量結婚的事情。但戰爭的急遽惡化，使他們的希望和打算成為了泡影。1915 年 7 月，沙皇政府決定提前徵召 1896 年出生的青年。1915 年 8 月 7 日，朱可夫從卡盧加省小雅羅斯拉韋茨縣應徵入伍。朱可夫上戰場了，但他的熱情並不高，因為他離開莫斯科時，只見一面是從前線運回來的傷兵，一面是闊少爺仍和從前一樣過著豪華驕奢的生活。這兩種鮮明的對比，使他茫然。可他還是想，既然叫我入伍，我就要忠誠地為俄羅斯打仗。

2. 軍旅生涯

當兵第一天，朱可夫和同伴就被裝上悶罐車。每個車廂40個人。新兵們一路都只能站著，或者坐在骯髒而冰涼的地板上。車廂裡氣味難聞、臭氣、汗味、煙霧，加上車廂裡原來不知什麼東西留下的霉味，交織在一起，使新兵們連飯都吃不下。有的人在悄悄地落淚，還有的人呆呆地坐著，想像未來的士兵生活。儘管此時朱可夫對自己軍事方面的天賦還一無所知，但他相信，自己經過生活的鍛鍊，一定能當個好士兵。這就是朱可夫的個性，做什麼就要做到好，並且堅信自己一定能成功。

軍營對朱可夫來說就像一張白紙，一切都是陌生的，一切都是新鮮的，連最習慣的走路、吃飯、睡覺，都有了新的約束和規定。第一次體驗軍營生活，他既感到新奇，又覺得那麼不可思議。1915 年 9 月，朱可夫他們被派到了烏克蘭境內的後備騎兵第 5 團，該團駐紮在哈爾科夫省巴拉克列亞城內。騎兵當時分為驃騎兵、槍騎兵、龍騎兵三種。朱可夫被分到槍騎兵連。他為自己沒有被分到驃騎兵而遺憾，一方面是因為驃騎兵的軍服漂亮，年輕人愛美心切，另一方面，也是更主要的，是因為那個連隊比較人性，打罵士兵的現象不多。這時的朱可夫已清楚地看到，在沙皇軍隊裡，士兵只是一個木偶，命運完全

掌握在各級長官的手裡。

到了槍騎兵連裡，朱可夫不僅領到了軍服，還分配到一匹深灰色的烈性馬，名叫「哈謝奇娜婭」。

人們只知道騎兵馳騁在疆場時，威風凜凜，但沒有多少人知道騎兵日常生活的艱苦。他們除了學習步兵的科目外，還要學習馬術，學會使用馬刀等冷兵器，每天還要刷三次馬。與步兵相比，騎兵每天要早起一小時，晚睡一小時。最要命的算是乘馬訓練，在訓練騎乘、乘技騎術和使用冷兵器時，每個人兩條大腿都磨出了血，剛結了疤，又磨破了。每次訓練後，馬鞍上都血跡斑斑，可是朱可夫十分堅強，不怕苦、不退縮。他每次訓練都最認真、最刻苦。那匹烈馬不知把他從馬背上摔下來有多少次，但越摔這個年輕人訓練時間越長，僅僅兩個星期，「哈謝奇娜婭」終於被馴服了。在 1916 年春天，成績優秀的士兵才能進教導隊，朱可夫被選中了。1916 年 8 月，朱可夫從教導隊畢業，被分回騎兵第 10 師。當時第 10 師正駐在德涅斯特河岸，其任務是擔任西南戰線的預備隊。朱可夫是乘火車前往部隊的。

一路上，他看到了許多從前線運回來的傷兵，他們負了很重的傷急需治療，但還要停下來為開往前線的部隊讓路，朱可夫心中有些說不出的感受。他還從傷員那裡聽到各種消息。有的說俄軍裝備落後，伙食很差，根本打不過敵人；有的說，指

揮官特別是高級指揮官名聲很壞，常常為了個人利益不顧士兵的死活；還有的說最高統帥部裡有敵軍奸細，這仗沒法打。這些消息嚴重影響了朱可夫的情緒，他再次深深地體會到，指揮員的一言一行，以及能否與士兵同甘共苦，對軍心的凝聚是多麼的重要。

很快，朱可夫經歷了生平第一戰鬥的洗禮。那是他們到達一個車站下車時，天空突然響起了空襲警報，大家迅速隱蔽起來。接著敵人來了一架偵察機，扔了幾顆炸彈就飛走了，結果炸死了一名士兵和五匹馬。

不久，在一次戰鬥中朱可夫俘虜了一名德軍軍官，因而獲得了他軍事生涯中的第一枚勳章。

1917 年 2 月，彼得格勒部分工人開始罷工。幾天後，罷工浪潮席捲全城和臨近的城市，罷工人員達 20 萬人，並且勢如潮湧，不可阻擋。朱可夫也置身到革命的浪潮之中，參加了「二月起義」，並被選為連士兵委員會主席，出席蘇維埃代表大會。

但是，當時的國內形勢瞬息萬變，朱可夫那裡的情況也發生了變化。5 月初，共產黨負責人雅科夫列夫調到別的地方去了，他走後，社會民主黨人趁機掌權，宣稱擁護資產階級臨時政府的方針。不久，連士兵委員會決定解散朱可夫領導的這個連，於是，朱可夫和其他委員只好發給士兵們退伍說明書，並讓他們帶上了馬槍和子彈。由於朱可夫是該連負責人，所以，

投奔到烏克蘭民族主義分子方面去的一些軍官在到處搜捕他，他一連幾個星期不得不躲起來。

1917 年 11 月 7 日，在列寧等人的領導下，爆發了震驚世界的「十月革命」。「曙光」號巡洋艦向臨時政府盤踞的冬宮進行炮擊，象徵著起義的開始。在布爾什維克黨的率領下，成千上萬的革命軍隊和赤衛隊包圍了冬宮及政府各部門。反動軍隊兵敗如山倒，起義很快獲得勝利。

當晚 10 點 45 分，第二次全俄蘇維埃代表大會宣布：由於工人和士兵的勝利起義，代表大會已經把政權掌握在自己手裡了。11 月 30 日，朱可夫終於平安地回到了莫斯科。

1918 年 1 月份，朱可夫準備報名參加赤衛隊。當時，各地忠於革命事業的工人武裝都被稱作赤衛隊，這是蘇維埃政權的一支重要的武裝力量，由布爾什維克中央委員會軍事組織統一領導。由於赤衛隊在十月革命中所發揮的重要作用，所以當時名聲很響亮，青年工人十分踴躍地報名參加。但朱可夫這一願望落空了，因為不久他得了斑疹傷寒，4 月份，又得了「回歸熱」。整整幾個月，朱可夫是躺在病床上度過的，這是他一生中在病床上躺的時間最長的一次。

到 1918 年夏季，紅軍擴大到 20 萬人。這時的朱可夫經過幾個月的調治，已漸漸恢復了健康。他殷切的希望加入紅軍。1918 年 8 月，朱可夫終於加入紅軍，編入了莫斯科騎兵第 1 師

第 4 團。團長是鐵木辛哥，師長就是大名鼎鼎的布瓊尼將軍。

　　朱可夫所在的騎兵第 1 師，是紅軍的創始人之一的元帥伏龍芝部隊的一部分，他親身感受到了伏龍芝上任後戰場及紅軍士氣的變化，伏龍芝成為他心目中的偶像。朱可夫認為，伏龍芝的統帥才能主要表現在三個方面：一是伏龍芝富有遠見；二是伏龍芝講究知己知彼，用己之長對敵之短，牢牢掌握戰場主動權；三是伏龍芝和軍人親近、關心士兵。

　　朱可夫在 1919 年 3 月 1 日加入了布爾什維克黨，這是他政治生涯的開始，也正是因為這個開始，他才得以在蘇聯紅軍中一步步成長，以致成就了他輝煌的軍事偉業。

　　1920 年 1 月，朱可夫被派到第 1 騎兵訓練班學習。學員都是從各部隊中挑選出來的在戰鬥中表現突出的騎兵，軍事技術頗強，但多數教育程度不高，有不少人根本沒進過學校。由於朱可失在原來的軍隊中擔任過軍士，又受過教育，訓練班便讓他兼任司務長，並委託他教學員掌握冷兵器。半年後朱可夫被分配到獨立騎兵第 14 旅第 1 團，擔任了一名排長。

　　朱可夫由於在內戰中表現出色，所以經過大規模裁軍後，他仍然留在軍中，並且被提升為薩巴拉騎兵第 7 師第 40 團副團長。1923 年春天，朱可夫接到師司令部的通知，說師長要見他。不明所以的朱可夫一開始還以為是他在工作中出了錯。沒想到師長很熱情地接待了他，並向他詢問了有關國內形勢以及

如何訓練部隊的問題，朱可夫做了認真回答，他的回答頗得師長的賞識，最後師長決定任命他為騎兵第 39 團團長。因為在此之前有很多同袍向師長推薦朱可夫擔任這個職務。

朱可夫剛任團長就碰到了一道難題：該團正準備出去野營，而且這是國內戰爭以後，紅軍騎兵部隊第一次進行野營訓練。如何根據新的形勢和任務做好這次訓練，上下官兵都很關注，許多指揮員對此感到無從下手。

朱可夫接任團長後，立即深入到連隊調查研究，他發現部隊紀律比較鬆懈，戰鬥準備不足，而射擊訓練、戰術訓練方面特別差。所以，他在布置野營基地建設時，要求各分隊特別注意野營的訓練設備和器材的準備工作。

1924 年 7 月，朱可夫被師長推薦到列寧格勒高等騎兵學校深造。朱可夫把精力都投入到軍事科學的研究上。這一年系統而扎實的學習對他後來成為叱吒風雲的元帥，具有十分重要的作用。

此後的幾年裡，朱可夫先後到莫斯科高層人員深造班學習，接著擔任了騎兵第 2 旅旅長，不久又改任紅軍騎兵鑑察部助理。新的工作崗位使朱可夫學習到了更多的軍事理論，於是他常常從更高的層次上去研究戰役戰術的問題。

1933 年，朱可夫又一次被提升，擔任了騎兵第 4 師師長，年僅 37 歲的他跨入了紅軍高級軍官的行列。

　　騎兵第 4 師是一支有著光榮傳統的部隊，首任師長是人民委員伏羅希洛夫，第二任師長是騎兵監察部部長布瓊尼。

　　朱可夫到任之後，一方面大力解決部隊的營房建設問題；另一方面嚴肅軍紀，加強了部隊的訓練工作。朱可夫鐵腕式的管理風格也就是在這時形成的。

　　早在 1929 年，蘇聯革命軍事委員會就已通過了一項決議，決定在兩年之內組成常備試驗的機械化部隊，機械化軍編制的出現，代表著軍事理論上的一大突破，這意味著坦克將作為一支獨立的打擊力量出現在現代戰場上。

　　朱可夫是機械化軍隊建設的最初參與者，1929 年他擔任團長的新編 39 團就是機械化團。他重視坦克部隊的建設，並在以後的戰役中應用坦克部隊取得了許多勝利。

　　擔任這樣一個團長是十分不容易的，因為機械部隊一切都是新事物。朱可夫以極大的熱情和上進心投入了這項創造性的工作。他認為，坦克是複雜的機器，使用坦克的部隊對後勤、維修、操縱等細節都要特別注意。他下決心要培養一種嚴謹細緻、工作力求盡善盡美的坦克兵作風。於是他要求，除了在工廠、汽車房或是坦克停放場外，禁止任何人穿工裝，在任何時候都始終要穿規定的制服。作戰車輛演習回來後必須立即擦洗得乾乾淨淨，不管什麼時候都要這樣。他還要求全團每個成員都必須把皮鞋擦得雪亮。

　　朱可夫發揮自己的才能，很快使這個機械化團訓練有素，作風優良，現出勃勃生機，同時也為機械化部隊的大規模建立做出了很好的榜樣。

　　在西班牙內戰期間，蘇聯國內發生了前所未有的「大清洗」。史達林發動的「肅反」運動擴大化，最終伸進了軍隊內部，成千上萬名官兵被指控為叛國和反黨，因而遭到判刑和殺害，其中一大半高級軍事指揮官遇難。

　　值得慶幸的是，朱可夫成為大清洗中的倖存者。一方面由於他的軍事經驗和工作能力突出，更重要的原因是得益於他的騎兵出身。史達林對騎兵出身的領導人特別信任，因此大清洗中騎兵領導人很少受株連。

　　朱可夫在大清洗中不僅沒有被解職或遇害，反而得到了提升，擔任了騎兵軍長。

　　由於政治環境的變化，朱可夫逐漸保持沉默了，他不再大聲疾呼有關機械化部隊建設的建議和設想，只把這些建議和設想，默默地記在本子上。但是，朱可夫關注坦克部隊建設的思想絲毫沒有改變。

　　1939 年 5 月，日軍突然侵犯原友鄰蒙古的邊界。根據 1936 年 3 月 12 日的蘇蒙條約，原蘇聯政府有責任保衛蒙古不受任何外敵侵犯。朱可夫被緊急召赴國防委員會。在那裡，伏羅希洛夫為他介紹了當時的形勢，並委派他帶幾個專業軍官立即飛赴

遠東親臨督戰。

　　然而日軍並沒有因為形勢變得對自己不利而罷休。1939 年 5 月，再次爆發了敵對行動。日本人聲稱，七百名外蒙古牧民侵犯了哈勒欣河邊界。蘇聯歷史學家認為，這次戰役是對俄國實力的新的試探，同時包藏著日本對蘇聯外貝加爾地區和遠東的領土野心。

　　日軍為了集結兵力，著手提高哈爾濱－齊齊哈爾－海拉爾鐵路線的運輸能力，並開始修建一條與蒙古邊界平行的從索倫到甘珠爾廟的新鐵路。他們決定奪取哈勒欣河東岸的蒙古領土。河東岸這塊地區是一片荒無人煙的草原，防守力量薄弱。蒙古人民共和國的邊境哨所距邊界 12 ～ 18 英里，而且附近沒有蒙古正規軍。根據互助條約駐在蒙古的紅軍第 57 特別軍的部隊，距這塊可危的地區約 300 英里。日軍立即投入緊張的訓練。4 月中，朱可夫派遣一支特遣隊前往哈勒欣河繪製地形圖。5 月初，日軍飛行員開始在蒙古領空進行偵察飛行。

　　1939 年 5 月 11 日，日軍發動進攻。地面部隊襲擊了邊境檢查站，空軍則轟炸了山巒起伏的邊境上的一支警戒部隊。到 5 月 14 日，大約 300 名日本騎兵已前出至哈勒欣河。派去收復邊境的蒙古邊防部隊被敵機打散。蘇聯政府為履行它和蒙古人民共和國的互助條約，命令駐蒙蘇軍保衛兩國邊界。

　　到 5 月底，日軍指揮部在哈勒欣河東岸集結了一支擁有

1,000 多名步兵、900 名騎兵、一小批裝甲車和 40 架飛機的兵力。蒙軍將其騎兵第 6 師調到前沿，而蘇軍則從坦克第 11 旅調去一個步兵機槍營，一個加強裝甲車連、一個工兵連和一個炮兵連。其他蒙軍和蘇軍部隊正開往作戰地區。

5 月 28 日，日軍發動突擊，企圖從兩翼包抄蘇蒙軍，從後面實施攻擊，切斷他們返回哈勒欣河渡口的後路。數量上占優勢的日軍，開頭壓得蘇蒙軍步步後退，但很快就被蘇軍炮兵部隊和一個步兵連擋住了。當晚，蘇軍步兵第 149 團乘卡車陸續抵達，旋即投入戰鬥。戰鬥持續整整一夜。5 月 29 日晨，蘇蒙軍隊發動反擊，激戰一整天，把日軍趕回邊界。兩天激戰中，擊斃了 400 名日軍官兵。

6 月初，朱可夫抵達前線，接管了部隊指揮權。7 月的頭幾天，日軍開始集結部隊，準備發動一次新攻勢。這時候日軍兵力約 3.8 萬人，得到 135 輛坦克、10 輛裝甲車和 225 架飛機的支援。而保衛哈勒欣河東岸一條 46 英里長正面的，只有 1.25 萬名蘇蒙軍。蘇軍的裝甲車輛較多，共有 186 輛坦克、226 輛裝甲車，這為朱可夫提供了一次極好機會，來檢驗蘇聯坦克的效能，檢驗各種戰術的效果。

日軍在擁有三倍於蘇軍的兵力的優勢下，企圖包圍並殲滅哈勒欣河東岸的蘇蒙軍隊。作戰計畫規定，用一支強大的部隊繞到守軍左翼，偷渡哈勒欣河，奪占巴英查崗山，從背後實施

攻擊。這次攻勢是 7 月 2 日發動的。步兵和坦克得以楔進蘇蒙軍陣地，一直進抵河邊，才被阻止。7 月 2 日夜間，日軍陸續偷渡到河西岸，次日晨完成了部隊的調動。日軍在很快占領下一個目標——巴英查崗山以後，繼續向南開進，大有包圍東岸蘇蒙軍之勢。

朱可夫猜到了敵人的圖謀，決定發動一次三管齊下的反突擊，即：坦克第 11 旅從北面攻擊日軍，摩托步兵第 24 團從西北進攻，而裝甲第 7 旅從南面進攻。蘇軍的打擊非常突然，日軍士兵亂作一團。反突擊的效果，為一名日軍士官所證實。他在日記中寫道：「我們當時驚慌失措，戰馬嘶叫，拖著火炮的戰車四處奔跑，汽車也四處亂竄。」

日軍三面被包圍，但仍死守陣地，拚命企圖保住巴英查崗山。他們 7 月 4 日的反撲被紅軍空軍和炮兵部隊所粉碎。當晚，蘇蒙軍各部隊對巴英查崗山發動總攻。第二天下午，日軍的抵抗被最後粉碎。敵人開始撤退，並企圖撤過哈勒欣河，朱可夫投入坦克部隊追擊敵人。因為日軍修的唯一一座浮橋已被炸毀，許多日軍官兵在企圖泗水時溺死水中。

日軍暫時受挫，開始策劃新的行動。經過兩個半月作戰之後，蘇軍指揮部意識到，由於兵力不足，只能進行長期的防禦戰，此外別無他法。對此，約翰·埃里克森寫道：

「看來，唯一的辦法是從內陸調來部隊，並改組指揮部。朱

可夫軍長看來是最合適的人選。他被任命為第 1 集團軍群司令員，肩負起徹底打敗日軍的重任。他對這一任務不能抱任何僥倖心理，只能勝，不能敗。」大批援兵陸續開來，加強了朱可夫的軍隊。但是，朱可夫有他自己的風格，正是這種風格使他後來成為非常傑出的人物。他總是等到自己掌握了相當大的優勢才發動反攻。照發動反攻那天計算，他的兵力與日軍相比的優勢是：步兵 1.5 比 1、機槍 1.7 比 1、火炮 2 比 1，飛機也是 2 比 1，而坦克則擁有 4 倍的優勢。到 8 月 18 日，朱可夫幾乎全部準備就緒了。

在朱可夫指揮這次戰役的時候，蘇聯和西方國家的談判以及與此同時對德國人的試探，也在 1939 年夏天進入了關鍵階段。

司令部經過改組，全部蘇蒙軍都歸朱可夫軍長指揮。此後又為遠東蘇軍調來增援部隊，這兩件事是具有極其重要的意義的。

哈勒欣河戰役的意義不可低估。當時全世界都在注視著這次戰役的結局。它關係到蘇聯的國際威信，而且這也是在實戰條件下檢驗新武器裝備和新戰術的難得機會。朱可夫深知這項任務也是對他的能力的檢驗。因此他必須能經得起這次檢驗。

到 8 月 1 日為止，日本人已調來了步兵第 7 師和第 23 師（均為全員）、3 個重炮團、3 個騎兵團，還有偽滿洲國的 1 個步兵

旅。他們的步兵第 14 旅也從滿洲抵達；他們還把步兵第 1 師的所有防坦克炮兵連悉數調到哈勒欣河地域。日軍還加強了空軍力量，並從旅順要塞派出一支重炮部隊。日軍總兵力（包括偽滿軍在內）為 7.5 萬人，裝備著 304 挺重機槍、500 門多人操作的火炮、182 輛坦克、300 至 500 架飛機。8 月 10 日，集結起來的各部隊組成日軍第 6 集團軍，由獲洲立兵將軍指揮。他們預定，8 月 24 日在日軍占領的橋頭堡整個 43 英里的正面發動總攻，並已修好了出擊陣地。

朱可夫開始制定一項作戰計畫，這個計畫是：突擊敵軍兩翼，從南面和北面合圍守敵，並在敵援軍趕到之前迅速殲滅之。只是部隊的補給有些困難，因為最近的火車站離前線 460多英里。在朱可夫領導下，第 1 集團軍群的長官們制定了一個由坦克、大炮、飛機和步兵互相配合的協同作戰計畫。蘇蒙軍的任務很明確：準備並實施一次決定性反攻，實現全殲侵犯邊界之日軍的目標。但是，蘇蒙軍的兵力不足以實施這一戰役，因此把一些新部隊從大後方調到了哈勒欣河。其中有步兵第 82師和第 57 師、步兵第 152 師的一個團、坦克第 6 旅和空降兵第212 旅以及一些炮兵團和通訊部隊等。飛機數目增加到 151 架。這些援軍的到來，使蘇蒙軍指揮部掌握了對日軍的數量優勢。

有趣的是（這也顯示了朱可夫的特點），朱可夫採取了一些深思熟慮的迷惑敵人的措施：

　　為了迷惑敵人，使敵人摸不著蘇蒙軍的真實意圖，朱可夫使用了假情報。他命令無線電發送了有關修築防禦工事和詢問施工設備狀況的假消息。把一架大功率的音響設備運到前方，模擬打樁的聲響，造成正在大修防禦工事的逼真假象。而部隊的調動一概在夜間進行。同時在夜間還出動轟炸機進行轟炸，並使用小口徑火器連續進行射擊，以掩蓋坦克向進攻出發地域集結的嘈雜聲。總攻前一連十幾天，若干輛已拆除了消音器的坦克，沿著前線不停地來回開動。這樣做的目的，是要使日本人越來越對蘇蒙軍車輛的聲響習以為常，這樣就會在蘇蒙軍進攻時完全摸不準方向。為此目的，蘇軍的飛機還不分晝夜不斷地出動襲擊敵人。

　　朱可夫甚至採取了一種別出心裁的做法，就是散發《戰士防禦須知》小冊子，將其投到敵方陣地。他命令施工隊不停地修築防禦陣地。把卡車的消音器拆掉，以掩護坦克的調動。飛行員進行特別偵察飛行以偵察地形，同時派出夜間巡邏隊摸清敵方陣地的位置。為了幫助他進行監督和聯絡，朱可夫在參謀部裡配備 12 名聯絡軍官。在他準備下令發動進攻的時候，他已經把 35 個步兵營、20 個騎兵連、498 輛坦克悄悄部署到出發地域。坦克當中還有一些新式坦克 —— T-34 型的前身。

　　為了實施包圍計畫，朱可夫建立了 3 個集群，即南部集群、北部集群和中央集群。南部集群編成內有：步兵第 57 師、坦

克第 6 旅、蒙古騎兵第 8 師、摩托裝甲第 8 旅、坦克第 11 旅的兩個坦克營、一個自行火炮營、防坦克第 37 營和一個噴火坦克連。北部集群的編成內有：坦克第 11 旅、摩托裝甲第 7 旅、步兵第 36 師第 601 團、蒙古騎兵第 6 師和防坦克第 87 營。中央集群的編成內有：步兵第 36 師和第 82 師、步兵機槍第 5 旅和兩個炮兵團。朱可夫的預備隊是摩托裝甲第 9 旅和空降兵第 212 旅。

日軍打算 8 月 24 日發動攻勢，朱可夫則比日軍提前四天，於 8 月 20 日搶先動手。這天凌晨 5 時 45 分，150 架轟炸機對日軍防禦前沿、對其就近的預備隊以及日軍炮兵陣地實施了一次大規模空襲。接著在經過炮火準備之後，朱可夫命令部隊全線衝擊。一名日軍士兵的日記證實了這次可怕的突然襲擊。他寫道：

「炮彈遮天蓋地地打到我們近旁，真可怕。觀察所用盡一切辦法尋找敵人的炮兵，但毫無結果，因為轟炸機在轟炸、殲擊機在掃射。敵人全線獲勝。」

在這次反擊中，有一位觀察家親眼目睹了朱可夫所表現的領導能力，後來他向魯斯蘭諾夫做了這樣的描述：

朱可夫命令他的一個師進攻日軍堅固築壘陣地，整個戰役的結局取決於這次進攻的勝敗。可是，這個師敗下陣來，損失慘重，而且被敵方火力壓得不能動彈。師長打電話報告情況，

並請求新的指示。朱可夫命令他再次發起進攻。過一會兒，朱可夫親自拿起話筒，要這位師長接電話。當朱可夫得知他還沒把部隊拉上去時，便問：「你到底能不能開始進攻！」師長小心翼翼地表示沒有把握。於是朱可夫說：「我現在解除你的師長職務。叫你的參謀長接電話。」朱可夫又向參謀長提出同樣問題。參謀長做了肯定的回答。朱可夫說：「我現在任命你擔任師長。」但是參謀長也未能重新發動進攻。當他向朱可夫報告以後，聽到了同樣的命令：「我解除你的師長職務。等待新師長的到達！」朱可夫派他的一名參謀去指揮這個師，而且派出炮兵加強了這支部隊，並給予空中支援。在付出巨大犧牲之後，終於攻克了敵軍陣地。他所制定的反攻計畫的其餘各階段也都取得了勝利。

蘇蒙軍在第一天戰果的基礎上，繼續在日軍防線內頑強戰鬥。在南部集群的地段上，坦克第 6 旅和摩托裝甲第 8 旅包圍了敵軍側翼，8 月 21 日占領了在海拉斯臺音河（哈勒欣河的一個支流）南岸活動的日軍後方的地域。這一天，南部集群的步兵部隊深深楔入敵人主要防禦地區，殲滅了敵人就近部署的戰術預備隊，占領了若干炮兵陣地。但是，戰鬥打得很艱苦，每個火力點都要強攻奪取，有時候還要出動噴火坦克。蘇聯飛機非常密集，積極地支援地面部隊。僅 8 月 21 日一天，轟炸機就出動 256 架次，投下了 90 多噸炸彈。

8 月 23 日，北部集群得到空降兵第 212 旅的加強，終於粉

碎了敵人的抵抗，奪占了帕列次高地。在激烈的肉搏戰中，600名日軍士兵斃命，戰壕裡、掩蔽部裡，橫七豎八到處都是日軍的屍體。

朱可夫的合圍計畫只用 3 天時間就完成了，接著便開始了殲滅被圍日軍的戰鬥。8 月 26 日，日軍的一次解困企圖被打退，主要是靠坦克第 6 旅打退的。8 月 27 日，日軍的突圍企圖也被粉碎了。空軍部隊成功地阻止了敵人向作戰地區調集新的預備隊。僅 8 月 24 日和 25 日兩天，蘇軍飛機出動了 218 架次，進行了 10 次空戰，擊毀日機 74 架。

朱可夫是個急性子，他不允許採取將敵人團團圍困，迫使其投降的消極辦法，而是發動一系列進攻，不斷地消滅敵人。南部集群承擔主攻任務。它在 8 月 27 日發動的進攻，成功地奪取了沙山和綠色高地，掃清了海拉斯臺音河南岸。與此同時，從背後和兩側對雷米佐夫高地發動了進攻，但直到 8 月 31 日才終於占領了這個地區。

在這次攻勢的最後階段，朱可夫再次表現出他是個足智多謀的將領。海拉斯臺青河很淺，而且到處是泥淖，敵軍指望它能夠保護雷米佐夫高地的南翼。但是，使日軍沮喪的是，朱可夫命令工兵部隊趁黑夜加固了河床，使蘇軍坦克部隊可以從這個方向發動進攻。一天夜間，蘇軍坦克突然衝過河來，粉碎了日軍防禦，並開始巧妙地肅清孤立的抵抗據點。到 6 月 31 日早

晨，侵入蒙古人民共和國領土的日軍已經全部被肅清。

1939 年 9 月 15 日，蘇聯和蒙古人民共和國、日本在莫斯科簽訂了一項協議，要求 9 月 16 日以前停止哈勒欣河地域的一切戰鬥行動。雙方同意交換戰俘，並建立一個委員會來確定哈勒欣河地區蒙古人民共和國和滿洲之間的邊界。日本當局似乎受到一次痛苦的教訓，於是雙方都採取步驟來維持和平。從 1941 年 4 月 1 日，日蘇簽訂互不侵犯條約，直到 1945 年蘇聯出兵滿洲以前，兩國一直避免進攻對方。

打敗日本軍隊以後，蘇聯人開始大談特談蘇聯已擁有成功地使用步兵、炮兵、裝甲兵和空軍協同作戰的新型軍隊。日本人不得不承認，「迄今為止，我們不了解蘇聯已將其摩托化部隊裝備到何種程度」，而且這一出乎意料的事態發展使他們大為震驚。尤其是這次戰役，已向日本人證明蘇聯大多數地面部隊，特別是炮兵和裝甲兵，在火力和機械化程度方面遠比日軍優越。後勤方面也是引人注目的。日本人對於蘇聯向距離鐵路終點站 400 多英里的戰場輸送並儲存作戰物資的能力感到十分驚訝。「蘇聯軍隊摒棄了沙皇舊軍隊的因襲守舊的一套作戰方法，已經顯示出它能夠依據每次戰役的具體情況改變戰術」。

另一個出人意料之處是蘇聯人就地取材解決問題的能力。例如，在先前的戰鬥中，俄國坦克很容易被日軍像投手榴彈那樣投出的汽油燃燒瓶擊中著火。不久以後，蘇聯人開始用柴油

作燃料，而且在坦克外面罩上鐵絲網，這兩項措施就使燃燒瓶
不大容易擊中這些坦克了。但是，俄國軍隊並沒有喪失它傳統
的著名品格，特別是它的頑強精神。日本人評論說：「蘇軍比原
來預料的還要頑強。」

　　儘管朱可夫使用裝甲部隊打了勝仗，但蘇聯人發現 T-26 型
和 T-28 型坦克有某些缺點和缺陷。此後，蘇聯研究設計了一
個新的裝甲車輛序列，其中包括第二次世界大戰中赫赫有名的
T-34 型坦克。

　　朱可夫經受住了哈勒欣河戰役的嚴峻考驗。他和他的部隊
表現得比預料的還要頑強，而且一些軍事理論和裝備在實戰環
境下得到切實的應用。朱可夫回到莫斯科，備受嘉獎和禮遇。
史達林懷著感激的心情，親自向他表示祝賀，他還榮獲了蘇聯
英雄稱號。

　　1940 年 6 月，蘇聯人民委員會頒布命令，提前晉升朱可夫
為大將軍銜。不久，他被任命為蘇聯最大的軍區之一 —— 基輔
特別軍區的司令員。

　　哈勒河戰役使朱可夫贏得了國內外的注目。蘇聯報刊評論
認為：「朱可夫在他指揮的這次大戰役中，表現出了他傑出的領
導才能和組織才能。」

3. 遠見卓識

1940 年，朱可夫被派到基輔擔任大軍區司令員後，由國防人民委員鐵木辛哥和總參謀長梅列茨科夫組織策劃了一次軍事演習。

演習的總題目是：以蘇聯遭到法西斯德國突然襲擊為背景，組織「紅」、「藍」兩軍的防禦和戰役策略總學習。蘇聯為「紅軍」，德國「藍軍」。西部特別軍區司令巴夫洛夫上將指揮「紅軍」，朱可夫大將軍指揮「藍軍」。雙方各自準備，設想在蘇聯遭到德國突然進攻時，西部邊界可以發生變化的情況，為未來的戰爭累積一些經驗和寶貴資料。史達林十分重視這次演習，要求各軍區和各集團軍司令員等所有重要政治、軍事官員自始至終參加這次演習。他還多次召見演習的總導演鐵木辛哥，詳細詢問了演習的準備情況。

在這次演習中，朱可夫率領的「藍軍」獲勝，根據史達林的建議，總講評在克里姆林宮裡進行，總參謀長梅列茨科夫報告了演習的經過，當他談到雙方力量對比的數字和「藍」軍在演習開始階段的，特別是坦克和空軍的優勢時，史達林不禁打斷他的話說：「參謀長同志，不要忘記，決定戰爭的勝負的因素除了數量上的優劣，還有指揮員和軍隊的作戰藝術。」

演習講評的第二天，史達林召見了朱可夫。史達林對朱可

夫在這次演習的表現很滿意，又加上他先前對朱可夫的印象良好，於是他以政治局的名義任命朱可夫接替梅列茨科夫，擔任總參謀長的職務。

朱可夫上任後，蘇聯的國際形勢已經岌岌可危，德國軍隊進攻蘇聯的策略意圖非常明確。但是史達林錯誤地估計了形勢。他認為：德軍對蘇戰爭中首先是力圖占領烏克蘭和頓涅茨克河域，以奪取蘇聯最重要的經濟地區，奪取烏克蘭的糧食、頓涅茨克的煤，以及高加索的石油，因為這些重要的策略物資是德軍進行長期、大規模戰爭的基礎。由於他錯誤地判斷了德軍的進攻方向，使蘇聯紅軍在戰爭初期遭受了慘重的損失。

史達林忽略了德軍賴以稱霸歐洲的「閃電戰」，而 1941 年 6 月，希特勒統帥部選定的主攻方向又恰恰在史達林沒有預料到的西部方向。希特勒在白俄羅斯方向集中使用了最強大的陸軍和空軍集團，企圖在最短的時間內攻破莫斯科。

朱可夫透過詳細的偵察得知，德國法西斯軍隊已經在蘇聯西邊集結了大量軍隊，形勢十分危急，朱可夫決定調動部隊，與德國針鋒相對。但是史達林仍然猶豫不決，他怕觸犯德國，影響兩國關係，又怕讓德國抓住把柄以發動戰爭，史達林為了延緩戰爭發生，保持國內和平費盡了心思，但戰爭還是來了。

1941 年 6 月 20 日深夜，基輔軍區參謀長向朱可夫報告，從一個德軍投誠司務長口中得知，德軍已經進入出發陣地，德軍

將在 6 月 22 日凌晨全面發動進攻。

　　6 月 22 日凌晨 3 時 07 分，黑海艦隊司令奧克恰面里海軍上將報告，有大量來歷不明的飛機正向蘇聯海岸接近。3 時 30 分，西部軍區報告，德軍空襲白俄羅斯的城市。3 分鐘後，基輔軍區報告，烏克蘭的城市遭到空襲。3 點 40 分，波羅的海沿岸軍區報告，敵機空襲考納斯和其他城市。

　　戰爭終於爆發了。德國政府已正式向蘇聯宣戰。直到此時還猶豫不決的史達林在朱可夫和鐵木辛哥的力勸下，才勉強下了命令任命朱可夫擔任西南方面軍統帥部代表，立即動用各邊境軍區所有的兵力猛烈還擊敵人的進攻，制止其繼續前進。

　　朱可夫雷厲風行，在與史達林談話後 40 分鐘就已經乘上飛機起飛了。他於 22 日黃昏時分，趕到了位於基輔市中心的烏克蘭共產黨中央委員會大樓。赫魯雪夫正在等他。兩位老朋友此時相見，倍感親切。赫魯雪夫關切地說：「不要再往前飛了，否則有危險。德軍飛機總是追逐我們的運輸機，應當坐車去。」朱可夫聽從了赫魯雪夫的安排。

　　隨後，朱可夫乘車到塔爾諾波爾去，那裡是西南方面軍司令員基爾波斯上將的指揮所。深夜時分，朱可夫趕到目的地。下車他顧不上和高級軍官們寒暄，立刻與瓦杜丁通電話。

　　瓦杜丁報告說：「到 6 月 2 日此刻，儘管採取了有力措施，總參謀部仍無法從各方面軍和空軍司令部獲得我軍和敵人的準

確情報。」

朱可夫親自趕到擔任主攻任務的機械第 8 軍（軍長利亞貝舍夫）的指揮所。這位軍長是朱可夫的老部下。利亞貝舍夫拿著地圖向朱可夫報告了部署，安排乾淨俐落，句句擊中要害。

這時屋外傳來一陣飛機俯衝的尖銳聲和炸彈聲。朱可夫看到利亞貝舍夫和在場的軍官們都有條不紊地工作，就像在野外實習一樣。朱可夫心中感到溫暖，他想：「真是好樣的，到底還是老部隊厲害，有了這些人，我們是不會打輸的！」

6 月 24 日，按照統一部署，機械化第 8 軍在別烈斯貼奇科方向轉入進攻，機械化第 15 軍在臘迭霍夫以東進攻。這兩個軍的出色戰鬥，使德軍第 1 裝甲集團的第 48 輛摩托化軍陷入十分危急的境地。德軍統帥部調動了全部空軍到這一地域抗擊蘇軍的反突擊，才使第 48 摩托化軍免遭全軍覆沒。

在朱可夫的指揮下，西南方面軍勝利地實行了最初的一系列反突擊。德國陸軍總參謀長在這一天的日記裡寫道：「敵人以大量坦克兵力在第 1 坦克集群的側翼轉入進攻。」

對這次戰鬥，朱可夫並不甚滿意，他認為，如果他手中有更多的航空兵用來與機械化軍一起作戰，可能會取得更好的效果。

朱可夫分析：莫科斯方面的德軍，由於損失太大，短期內不可能實施策略進攻；列寧格勒方面的德軍，在得到兵源補充

之前，也不可能奪取列寧格勒；烏克蘭的德軍正在與蘇軍對峙，朱可夫認為，蘇聯最薄弱的是中央方面軍，德軍很可能利用這個弱點向西南方向軍的側翼實施攻擊。

當史達林召見朱可夫時，朱可夫根據當前敵我形勢的分析，建議首先加強中央方面軍，至少還要增加 3 個集團軍。西南方面軍必須撤過第聶伯河，把兵力集中起來，避免被敵軍包圍。

放棄基輔，在西部方向馬上組織兵力奪取葉利尼亞的突出部。

對於當時的原蘇聯人來說，基輔意味著生命，他們對這個地方傾注了太多的感情，自然朱可夫這個建議無異於在史達林頭上丟了個炸彈，不明形勢所迫的史達林生氣地指責朱可夫完全在胡言亂語。

以後的事實證明朱可夫是完全正確的。基輔會戰歷時一個半月，最後以蘇軍慘敗告終，63 萬蘇軍官兵被俘，大量物資裝備落入了敵人手中。

8 月中旬，朱可夫率部向葉利尼亞地區的德軍發起進攻。戰鬥異常激烈，雙方在所有地段同時展開激戰，德軍企圖以密集的大炮和迫擊炮火力阻止蘇軍進攻，朱可夫則成竹在胸，沉著應戰，下令動用所有的飛機、坦克、大炮和新研製的「喀秋莎」火箭炮猛烈還擊。

9 月 6 日，蘇軍最終攻占了葉利尼亞，殲敵近 5 個師，共 5 萬餘人，這是德蘇戰爭開始以來蘇軍取得的第一次重大的勝利，蘇軍的士氣空前高漲，堅定了戰勝德軍的信心。

朱可夫又被史達林召回莫斯科，派往形勢危急的列寧格勒。

4. 保衛列寧格勒

列寧格勒原叫彼得堡，是彼得大帝在 1703 年建立的「西方的窗戶」，此後一直作為俄羅斯的帝國首都。

正是在這裡，俄國的共產黨於 1917 年 11 月奪取了政權。列寧格勒是蘇聯第二大城市，有 300 多萬居民，是蘇聯最重要的海港和重要的工業、文化中心。

列寧格勒的重大意義，德蘇雙方都十分清楚，1941 年 7 月，希特勒就決定將列寧格勒和莫斯科夷為平地。8 月底，西北方面的德軍進逼列寧格勒。9 月 8 日，德軍完成了對列寧格勒的包圍，並開始收緊夾攻的鐵鉗。

負責駐防此城的蘇軍統帥伏羅希洛夫徹底感到絕望，他甚至跑到火線上，希望被德國人打死，蘇軍士兵的士氣也極為低落。史達林不得不重新啟用朱可夫，要他來保衛列寧格勒。

朱可夫上任後立即著手整頓士氣和紀律問題。他一到前線

就發現第 8 集團軍紀律鬆懈，如同一盤散沙，有些師長沒有接到命令就擅自退出戰鬥，不少戰士一聽到槍聲就跑，朱可夫認為對於這些狀況必須採取最嚴屬的措施。

於是他頒布命令，凡是失職者都要處決。為了使命令具有威力，他逮捕並處決了一批投敵叛國的擅離職守的軍官和士兵，並將一些不良風氣瀰漫的連隊解散，士兵重新分配。對軍隊機關中不負責任、形式主義嚴重的不良作風，朱可夫也大力整頓。

經過整頓，部隊的戰鬥力大大提高了，朱可夫精心制定了一個加強城防的計畫。蘇軍在最危險地段和策略要地集中了大量的高炮、艦船，並調集兵力建立了縱深防禦。

朱可夫和高級將領們面臨著巨大的壓力，在高度緊張的氣氛中，朱可夫顯得態度煩躁。但他對士兵們仍舊保持友好的態度，對於那些沒有責任感的軍官，特別是中高級軍官則大聲訓斥。

朱可夫的精心防禦有效地遏止了法西斯軍的進攻步伐，這使得希特勒大為惱怒，他下達命令猛攻列寧格勒，即使不能用武力取勝，也要用封鎖的方式把城裡人困死，然後將城市摧毀。

朱可夫面臨的形勢更加嚴峻了，他手下的軍隊不但要進行殘酷的防禦戰鬥，還要應付空襲、炮轟，而且還要應付更嚴重的饑餓。

為了加強防禦，朱可夫把全城分為 6 個防禦地段。每個地段都建立了以營防禦區為基礎的堅強陣地，此外，又組織了所有的婦女在全城修建路障，在城周圍挖防坦克塹壕。

朱可夫在進行地面防空建設後，還做了最壞的打算，就是德軍突入列寧格勒後的應變措施。朱可夫命令在工廠、橋梁和公共設施內部安裝了地雷，如果敵人進入了城市，把這些建築物連同敵人一起炸掉，朱可夫還發給居民們武器彈藥，做了大量的組織行動工作，使列寧格勒變成了一座攻不破的保壘。

由於固守列寧格勒的蘇軍做了充分的準備，所以儘管蘇軍在城市周圍某些地段發起的反攻未獲成功，但他們得以與進攻的德軍對峙達 50 天之久，打破了德軍從南北兩個方向夾攻、以奪取列寧格勒的計畫。到 9 月底，列寧格勒幾個方面的戰線都處於穩定狀態。

德軍為了「徹底摧毀」列寧格勒，除了陸地上封鎖外，還進行了系統的炮轟和飛機轟炸。

第一次轟炸是在 9 月 8 日，但規模最大的則是 9 月 21 日至 23 日的轟炸，約有 400 架轟炸機參加了他們選定的主要轟炸目標，企圖摧毀喀琅施塔得要塞和紅旗波羅的海艦隊。

9 月至 10 月，德軍的飛機進行了數百次襲擊。雖然，這些轟炸未達到目的，但畢竟還是使朱可夫及軍隊面臨了極其困難的局面。後勤供應基本中斷，只剩下的唯一途徑就是被稱為「生

命之路」的拉多加湖水道。透過這一水道進入的食品和彈藥只能最低限度地滿足官兵們的需求，特別是糧食的需求更加惡化。9月至10月，居民的麵包定量先後降了5次，10月至20日降到最低限量，即高溫工廠的工人每人375克，一般工人和技術人員250克，職員和兒童125克。可以想像，這麼點糧食會出現什麼情況呢？不少婦女在挖掘工事時，餓得一頭倒在地上再也起不來了；工人安裝機器時，一下子倒在機器上再也喚不醒了。為了節省體力，對路旁的屍體，人們也懶得去進行安葬。

在這種困難的情況下，紅軍在朱可夫的指揮下仍然英勇作戰，一次又一次把殺紅了眼的德軍打退到他們的進攻出發地。到9月底，敵人終於相信，列寧格勒的防禦十分堅固，依靠現有兵力是無法摧毀它的。剩下的辦法只有一個，那就是圍困列寧格勒，企圖使蘇軍喪失戰鬥力，不戰而勝。

可德國的企圖最終還是失敗了。1943年3月初，蘇軍開始全線反攻，終於結束了長達一年多的列寧格勒保衛戰。

列寧格勒保衛戰的勝利是空前的，它不僅堅定了蘇聯人民必勝的信心，打擊了德軍的氣焰，而且牽制了德軍大量的兵團，對其他戰場形勢的轉變發揮了重要作用。朱可夫對於這個戰役的勝利，做出了巨大貢獻，的確是功不可沒。

5. 莫斯科會戰

1941 年 10 月上旬，德軍知道列寧格勒是攻不下的。於是，集中了 100 萬多人、1,700 多輛坦克和 1,900 門大炮，在空軍掩護下，又對莫斯科發動了猛攻。

史達林又一次將這場關係蘇聯生死存亡大戰的指揮棒交給了朱可夫。

10 月 10 日，史達林打電話給朱可夫，正式通知他，最高統帥部決定任命他為西部方面軍司令員。最後，史達林以命令的口吻在電話中大聲說：「趕快加緊部署一切吧！」

很快，朱可夫就接到最高統帥部於 1941 年 10 月 10 日 17 時發布的命令：

1. 西部方面軍和預備方面軍合併為西部方面軍。

2. 任命朱可夫為西部方面軍司令員。

3. 任命科涅夫為西部方面軍副司令員。

4. 任命布爾加寧、霍赫洛夫和克魯格洛夫為西部方面軍軍事委員會委員。

5. 朱可夫於 1941 年 10 月 11 日 18 時開始指揮西部方面軍。

6. 撤銷預備方面軍指揮機關，用以補充西部方面軍和莫斯科戰線的預備隊。

接到命令後，朱可夫立即出發去西部方面軍司令部。方面軍司令部臨時設在幾個帳篷內，朱可夫走進帳篷後立即投入了戰役的組織工作。

熟悉朱可夫的人都知道，他是一個意志堅強、處事果斷、具有傑出才幹和天賦的人，也是一個要求嚴格、持之以恆、目標明確的人，所有這些品格對於一個精明強幹的軍事首長來說，是必不可少的。

在莫斯科會戰最激烈的日子裡，朱可夫的嚴厲粗魯幾乎達到了令人無法容忍的程度。可正是由於他的個性特質，才使他在國家與民族危難的時刻，能夠挑起挽救莫斯科和整個國家的千斤重擔，能夠組織起保衛莫斯科的有效防禦。

朱可夫以他特有的充沛精力和工作效率，開始實施這新的使命。他透過實地考察軍情，制定了一系列策略方針：莫斯科正西方面組織了一條牢固的防禦帶；加大縱深防禦，建立第二梯隊和方面軍預備隊，隨時聽候調動；組織有效的地面和空中偵察，以加強對方面軍各部隊的指揮；保持軍隊的物資供給；增強戰士們必勝的信心。最讓朱可夫頭疼的問題是兵力不足，現在的部隊根本無法有效地駐守 136 公里長的防線。最高統帥部竭盡全力從其他地方調集了 14 個步兵師，16 個坦克旅，40 個炮兵團，以解燃眉之急。

與此同時，莫斯科幾十萬居民不分晝夜地構築保衛首都的防禦工事。他們修築了 7.2 萬公尺長的防坦壕、近 9 萬公尺長的

峭壁和斷崖，設置了 5 萬多公尺長的障礙物地帶，挖掘了近 12 萬公尺的戰壕和交通壕。這些用居民雙手挖出的 300 萬多立方公尺土壤，建立起一個頗為壯觀的環形防禦圈。

前線的蘇軍官兵知道，全國人民都在為保衛莫斯科做最大的支援，這種軍民同仇敵愾的團結精神，是蘇軍取得莫斯科保衛戰勝利的鼓舞力量和堅強支柱。

11 月上半月，德蘇軍隊雙方都做了新的調整和補充，莫斯科附近一場更大規模的生死決鬥即將開始。

11 月 15 日清晨，德軍從北面、南面、西面對莫斯科發起了猛攻。

德軍的總體戰役計畫是：第 9 集團軍牽制加里寧方面軍並進攻克林，從北面包圍莫斯科；第 2 集團軍牽制西南方面軍並占領圖拉，從南面包圍莫斯科；第 4 集團軍在西面消滅莫斯科附近的蘇軍。然後入南、北包抄，在莫斯科以東會師並完成包圍，最後幾個集團軍同時配合，正面進攻，一舉占領莫斯科。

在 11 月 16 日以後的幾天裡，形勢對蘇極其危險，德軍不顧一切動用強大進攻力量。用坦克開路，對蘇軍實施沉重的打擊，蘇軍的兵力顯得非常薄弱。

雖然在前幾天殘酷的戰鬥中，蘇軍損失慘重，但他們卻以頑強的抵抗阻止了德軍向莫斯科的推進。在德軍方面，雖然戰線向前推進了，但是種種不祥之兆卻瀰漫在軍隊中。連續作戰

的疲憊和日漸寒冷的天氣成為德軍面臨的兩個大敵。最讓德國士兵不安的是，由於戰線過長，使得補給品奇缺，尤其是冬裝非常缺少。在零下 20 多度的冰天雪地裡，德軍士兵只穿單薄的軍服，凍得瑟瑟發抖，渾身僵硬。

從 11 月中旬起，其他戰區的蘇軍相繼展開了一些反攻，牽制了德軍的兵力，支援了莫斯科方面的防禦戰。然而，雖然德軍進攻受阻，但是對莫斯科的威脅仍未減輕。德軍繼續緩慢地向前推進，日益逼近莫斯科。

最高統帥部經過仔細的分析，通過了朱可夫的反攻計畫。

在蘇軍大反攻前夕，德蘇雙方在莫斯科附近的兵力情況明顯不利於蘇軍：蘇軍有 110 萬人、7,652 門大炮、274 輛坦克、1,000 架飛機；德軍共有 170 萬人、1.3 萬門大炮、1,170 輛坦克、615 架飛機。

但朱可夫分析，德軍人數雖多，可戰線拉得過長（長達 1,000 公里），兩翼的突擊部隊相距 200 公里，兵力分散。而蘇軍則比較集中，可以集中局部地區的優勢兵力打擊敵人。

1941 年 12 月 6 日早晨，朱可夫的西部方面軍從莫斯科南、北兩面開始了反攻，幾乎在同一時期，友鄰方面軍積極配合，德蘇雙方展開了大規模的戰鬥。經過十天的激烈較量，使已經削弱和極度疲憊的德軍遭受重大損失，他們不得不在蘇軍壓力下節節後退。

希特勒得知德軍敗退的消息後大發雷霆，歇斯底里地禁止前線部隊繼續後退，並答應補充部隊。

然而在蘇軍英勇無畏的進攻下，到 12 月底，德軍已經山窮水盡、走投無路了。

在莫斯科會戰中，朱可夫指揮的西部方面軍殲敵 50 餘萬人，擊毀或俘獲 1,100 輛坦克、2,500 門大炮、1.5 萬多輛汽車和其他裝備。德軍被擊退了 150 ～ 300 公里，紅軍攻克了 1.1 萬個居民點，贏得了戰役的全面勝利。

德軍在莫斯科戰役中的失敗，是德國法西斯發動第二次世界大戰以來所遭到的第一次大失敗，它打破了希特勒「閃電戰」不可戰勝的神話，大大鼓舞了世界反法西斯主義的抗爭。在此之後，德軍的力量大大削弱，它在世界各地的侵略戰爭也終於開始走下坡。而蘇軍卻得以進一步發展壯大，士氣高昂。

朱可夫身為拯救莫斯科的英雄，在這場舉世聞名的戰役中名聲大振，被史達林稱為「勝利的象徵」。

6. 爭奪史達林格勒

「閃電戰」美夢的破滅，使德軍無力在德蘇戰場上發動全面進攻，希特勒被迫採取重點進攻的策略，他把眼光看向了史達林格勒。

希特勒的如意算盤是先奪取史達林格勒，占據這個重要策略要地和策略物資基地，然後由此北進莫斯科，對莫斯科形成夾擊之勢。

德軍在德蘇戰場的南部部署了 150 萬以上的兵力，其中「南方」集團軍群共 97 個師，90 萬人，又分為 A、B 兩個集團軍群。

動用了 1,200 輛坦克和強擊火炮，1,640 架戰鬥機，於 1942 年 6 月 28 日發動了對史達林格勒總攻。

為減輕史達林格勒方面的壓力，9 月 3 日早晨，經過炮火準備，蘇聯第 1 集團發起了反攻，但是只前進了幾公里就受到德軍的有力阻擊而被迫停了下來。

9 月 5 日拂曉以前，如同朱可夫所估計的那樣，史達林格勒附近並沒有發生特殊事件。按預先計畫，9 月 5 日早晨，蘇軍炮兵和航空兵開始火力準備，隨之發起了攻擊。但德的阻擊仍很頑強，經過一天的交戰，蘇軍進展甚微。

由於蘇軍這次大規模的反擊，迫使德軍把大坦克、炮兵和摩托化部隊從史達林格勒附近向北調動，從而延緩了攻擊史達林格勒的速度。

德軍用於史達林格勒方向的兵力有 50 個多個師，其中用來直接攻擊市區的有 12 個帥，共 17 萬人。他們擁有 500 輛坦克、1,700 門大炮和迫擊炮。

蘇軍史達林格勒方面軍和東南方面軍雖然合起來有 120 個

師，但是人員編制嚴重缺額，許多師只有編制人數的 20％到 25％，有的只有 800 人。實際上負責防守市區和西南一帶的主力第 62 和 64 集團軍總共只有 9 萬人、1,000 門大炮和近擊炮、120 輛坦克。在市區爭奪戰中，德軍的兵力和武器上是占優勢的。

9 月 13 日至 15 日的 3 天，對交戰雙方來說，都是十分艱難的日子。爭奪戰中，德軍在兵力和武器上是占優勢的。

爭奪市區的激戰達到白熱化的程度，全市的街道和廣場變成了激烈的戰場，有些重要據點被反覆地爭奪，第一火車站的爭奪戰持續了一週之久，曾 13 次易手。

德軍不顧一切，一步步向市中心逼近。蘇軍似乎有些支持不住了，兵力每時每刻都在減少。但是蘇軍在史達林格勒人民的支援和配合下，戰鬥意志無比堅強，只要德軍一向前推進，就以頑強的阻擊讓他們付出沉重的代價。

在這場殊死的戰鬥中，值得一提的是蘇軍戰士為保衛祖國的每一寸土地，表現出的那種可歌可泣、視死如歸的英雄主義精神。蘇軍的頑強使得德軍精疲力竭，一籌莫展。

戰前，德軍十分蔑視蘇軍在史達林格勒的力量，但受到意想不到的痛擊之後，他們逐漸感到恐懼和悲觀。

經過連續 13 天的戰鬥，德軍在 9 月 25 日占領了市南和市中心的部分地區，並且前進到窩瓦河河南，幾乎每一個渡口都

被蘇軍強大的火力控制著，史達林格勒變成了一個大戰場，歷史上規模最大的巷戰在這裡展開了。

朱可夫命令紅軍戰士在任何情況下都要堅守城市，每一幢房屋，只要有蘇聯軍人，哪怕只剩下一個人，也要成為敵人攻不破的堡壘。

為了適應戰爭形勢，朱可夫下令在部隊中組成新的戰鬥單位 —— 突擊小組。

儘管炮火連天、彈片橫飛，被炸毀的工廠卻成了蘇聯人的抵抗中心。朱可夫在紛亂複雜的戰爭形勢中，再次顯示了他驚人的預見性。

他分析後認為：儘管敵人暫時處於進攻，但蘇聯紅軍的頑強設防使他們很難完成既定目標，而隨著時間的拖延，敵人的補給將越來越困難，惡劣的天氣也將造成他們極大的困難。

德軍攻打史達林格勒市區的戰鬥從 9 月 13 日開始，到 11 月 18 日結束，歷時兩個月。

朱可夫制定了「天王星」反攻計畫：蘇軍從史達林格勒西北部和南北兩線向中心反攻，合圍在那裡的德軍第 6 集團軍和第 4 集團軍。為了迷惑敵人，朱可夫又實施了一系列漂亮的偽裝措施。10 月中旬，當德軍的進攻陷於停頓之時，史達林格勒前線各方面軍接到命令，停止進行具有攻勢的作戰行動，命令中詳細地講述了如何安排冬季的防禦。如何構築工事，如何在支撐

點儲備糧食、彈藥等。與此同時，蘇軍正在祕密地把部隊不斷調往準備實施突擊的方向。

德軍情報機關上當了，他們堅信蘇聯軍隊不會發動反擊。朱可夫以其高超的指揮藝術，使紅軍贏得了難得的策略主動。

1942 年 11 月 19 日 7 時 30 分，隆隆的炮聲宣告了西南方面軍和頓河方面軍進攻德軍的戰鬥正式打響。蘇軍大反攻的序幕拉開了。

在史達林格勒西北部，蘇軍西南方面軍的 3,500 門大炮直射德軍陣地，然後以坦克和機械化部隊為先導，突擊德軍的薄弱陣地。

面對蘇軍強大的攻擊壓力，德軍陸軍參謀長建議從史達林格勒撤軍，加強後方，鞏固新前方，然後進攻發動突擊的蘇軍。

但剛愎自用的希特勒聽到撤軍的建議暴跳如雷，駁回了德軍陸軍參謀長的建議。德國納粹元首的頑固，提供了朱可夫實施其策略計畫的機會。

經過 10 餘天的激戰，到 11 月 30 日，蘇軍已完成了對德軍共 22 個師 33 萬人的合圍，將其壓縮在 1,500 平方公里的範圍內。

面對合圍數量如此之大的德軍，史達林十分擔心德軍發起突圍反攻，蘇軍會支持不住。

朱可夫再次分析了戰爭態勢。他認為以德軍目前現狀，是不會輕易冒險突圍的。但是如果有其他軍團的輔助突圍，情況

就不好說了。當前最緊迫的是防止其他地域德軍的支援，主要是防止德軍頓河集團軍前來解圍。

就在蘇軍分析怎樣消滅德軍的同時，德軍也在積極想辦法解圍。曼施坦因元帥計劃由德頓河集團軍群的主要兵力發動進攻，支援第 6 集團軍和第 4 集團軍，另外，祕密派坦克師來支援。

曼施坦因元帥得意地把這一作戰計畫命名為「冬季風暴」，妄圖以此摧毀蘇軍的包圍。可惜他的計畫與朱可夫的分析如出一轍，朱可夫已經對此做了精心的準備，設計了整套「包圍阻援」方案，不僅打退了前來支援的德軍，還將被包圍的德軍壓縮在更小的範圍之內。

德第 6 集團軍對自己的處境非常清楚，一再請求希特勒准許他們突圍。但不甘心失敗的希特勒卻要求他們繼續死守。他為部下打氣說，只要堅守到明年春天，德軍就可以展開新的攻勢。

希特勒的固執為朱可夫實現戰役目的創造了條件，也正是希特勒的固執最後葬送了德國第 6 集團軍。

蘇軍於 1943 年 1 月 10 日以 5,000 門大炮轟擊包圍圈內的德軍，隨後坦克和步兵發起迅猛的衝鋒。德軍由退卻變成了無命令的逃跑，沿途丟下成千上萬的屍體。不到 6 天，德軍的陣地又縮小了一半。1 月 24 日，德軍元帥包路斯再次電請希特勒允許立即投降，但是他得到仍然是「不許投降，要死守陣地，直到

最後一兵、一卒、一槍、一彈」的命令。

到 1 月 25 日，德軍被擊斃、擊傷和被俘者已超過了 10 萬人。蘇軍又把包圍圈縮小到南北長 20 公里、東西寬 3.5 公里的地段上。

2 月 2 日，被圍德軍全部被殲滅，歷時 200 天的史達林格勒大會戰以蘇聯紅軍的英勇勝利而告終。史達林格勒會戰是德蘇戰爭的轉折點，也是第二次世界大戰的轉折點。從此，蘇軍開始進入策略反攻階段，德軍則走向滅亡。

朱可夫因為立下了不世功勛被授予蘇沃洛夫一級勛章，其後面標有「第一號」的字樣。朱可夫這個偉大的勝利之神，扭轉了德蘇戰爭的局面。

史達林格勒會戰的勝利吹響了蘇軍策略進攻的號角。在 1942 年至 1943 年之交的秋季戰役中，蘇軍共消滅了德軍 100 多個師，迫使德軍在整條戰線上後退了 600 公里。

7. 全面勝利

蘇聯紅軍經過了 1943 年的反攻和 1944 年總攻後，已經挺進到了希特勒的老巢柏林。

1945 年 4 月 5 日，朱可夫向所有的集團軍司令等各級軍隊

的指揮員宣布了史達林的命令：從 1945 年 4 月 16 日凌晨發動總攻，包圍法西斯德國的老巢 —— 柏林，粉碎、消滅敵人的有效力量，在柏林上空升起勝利的旗幟。

當時在柏林地區，敵人還有 214 個師，其中有 34 個坦克師和 15 個摩托化師，共有 100 萬以上的軍隊、1.04 萬門大炮、1,500 輛坦克、3,300 架飛機，除此之外陸軍總司令部隊有 8 個師，柏林市民還組建了 200 個人民衝鋒隊營，守備部隊超過 20 萬人。

蘇聯紅軍也調集了所有的力量，與德軍相比，在兵力和裝備上都占有優勢。1945 年 4 月 16 日凌晨 3 點時，蘇軍向柏林發起了總攻。

首先炮兵開火，萬炮齊鳴，第一白俄羅斯方面軍在戰役的第一天，就向敵人陣地發射了 80 多萬發炮彈和追擊炮彈，其中 50 萬發是在頭 25 分鐘發射的。朱可夫精心策劃了這種前所未有的猛烈的短促炮火準備。使敵人驚慌失措，德軍為此遭受了極大的損失，調集到前沿陣地的德軍處於毀滅性打擊之下。

德軍一發炮彈都沒有打，只有幾挺機槍響了一陣，朱可夫當機立斷，命令地面部隊進攻。

立刻，蘇軍幾千枚五彩繽紛的信號彈升入天空，接著 140 部功率強大的探照燈一下子都打亮了。這又是朱可夫創造性的一個好主意，強烈的電光把德軍陣地照得通明，德軍士兵被突如其來的強烈光柱照得目眩眼花、心驚膽顫。他們認為這又是

蘇軍的什麼新式武器，在探照燈的照耀下，原來掩藏在黑暗中的德軍目標暴露無遺，蘇軍的炮兵趁勢猛烈射擊，步兵和坦克也協同一致地衝了出去。

蘇軍的攻勢越來越猛，德軍前沿部隊完全被掩埋在一片炮火的海洋之中。在兩軍之間，掀起的煙塵就像一道厚厚的煙牆轟立在空中，有的地方連探照燈的強光也照射不透。

在交戰的第一畫夜，蘇軍出動轟炸機達 6,550 架次以上。發射炮彈 123.6 萬發，也就是說 2,450 車廂的炮彈，近 9.8 萬噸鋼鐵，都落到了德軍的頭上。縱深 8 公里範圍內德軍的防禦基本上被摧毀或受到強大壓制。德軍部隊受到蘇軍如此兇猛的攻擊後，被迫退到施勞弗以東的高地。

施勞弗高地處在蘇軍向柏林進攻的途中，高地四周地勢險要，向東的坡面陡峭，它的後面是一片高原。

在戰役發動之前，朱可夫和他的部屬對施勞弗高地一帶地形的複雜性估計不足，他沒有料到德軍在高地的反面斜坡上隱蔽的兵力和武器很不容易被蘇軍的炮火所損傷，所以德軍可以憑藉這一地勢組織起蘇軍難以攻擊的防禦。

在施勞弗高地前，蘇軍的坦克滾滾而來，前面的一批坦克燃燒起來，後面的仍在繼續前進。蘇軍士兵從濃密的大火中喊叫著向高地上爬，前面的一群倒下，後面的繼續喊叫著往上衝。在德軍士兵看來，蘇軍士兵好像發了瘋一樣。

　　這種無畏的進攻氣勢，對德軍來說無疑是一種最可怕的心理震懾。此時的德軍已經經受不住朱可夫部隊狂潮般的攻擊，開始從施勞弗弗高地向柏林退卻。到 4 月 18 日早晨，這個被稱為「柏林之鎖」的高地被朱可夫的部隊打開了。

　　4 月 20 日，在四面楚歌中，希特勒迎來了自己 56 歲的生日。在這之前他的情人伊娃‧布朗，也從阿爾卑斯山的別墅裡公開地來到了他的身旁。她是一位身材苗條，容貌秀麗的金髮女人。平時她很少露面，由於她性情隨和，寡言少語，很得希特勒的喜愛。此時，她已經下定決心要和希特勒死在一起。希特勒的生日紀念活動是在地下室裡舉行的。

　　希特勒原以為他可以留在柏林，鼓舞士氣，以圖東山再起。可是朱可夫部隊的迅猛進攻徹底粉碎了他最後的美夢。

　　走投無路的希特勒待在地下室裡踱來踱去，手裡搖晃著被手汗浸溼得快要破碎的地圖，焦急地等待著援兵的消息。可憐的希特勒不但沒有等到什麼好消息，卻收到了給他和所有在場的人致命的報告：第三帝國的 2 號人物戈林和最「忠誠」的黨衛隊全國總隊長希姆萊背叛了希特勒。

　　這個消息代表著第三帝國的末日真正來臨了。此時，希特勒做出了他一生中最後的決定：他要在黎明時與情婦伊娃‧布朗結婚。

　　結婚儀式是在地下室的一間小會議室裡舉行的。

4 月 30 日，絕望的希特勒把手槍對準了自己的腦袋。

下午 3 點 30 分，戈培爾、鮑曼和其他幾個人聽到元首寢室一聲槍響，他們等待第二聲槍響，但是卻沒有聲音。等了一會兒，他們輕輕走進元首的房間，看到希特勒的屍體趴在沙發上，還在淌血，他是對著自己的嘴開的槍。伊娃躺在他的身旁，她是服毒自盡的。

希特勒自殺的當天清晨，朱可夫的大炮向德國國會大廈開火。由庫茲涅佐夫上將指揮的第 3 突擊集團軍攻占了大廈的主要部分。

為了爭奪這座象徵第三帝國政權的龐大建築物，朱可夫的部隊和裝備精良的德國黨衛軍部隊進行了一場近距離的血戰。即使蘇軍占領了大廈下面各樓層，上面樓層的守軍仍不肯投降。蘇軍只好一層樓又一層樓地與德軍搏鬥。直到夜間，蘇軍才終於在大廈的主樓圓頂上升起了蘇聯的旗幟。此時親自指揮這一歷史性戰鬥的庫茲涅佐夫將軍抑制不住自己激動的心情，朱可夫此時也激動不已，因為他在 4 年的衛國戰爭中，一直盼望著這一歷史時刻的到來。

柏林攻克了，世界反法西斯的戰鬥也即將結束，但朱可夫在衛國戰爭中多次臨危受命，挽救敗局所譜寫的軍事史神話卻永遠留在了史冊，他贏得了人們永遠的崇敬。

1995 年 5 月 9 日，二戰勝利 50 週年前夕，塑有朱可夫元帥

的紀念碑在莫斯科市中心俄羅斯國家歷史博物館前落成。整個
塑像由最富盛名的雕塑家精心設計，外加青銅鑄就。許多國家
的人民紛紛來此瞻仰，紀念名垂青史的朱可夫元帥。

朱可夫

華西列夫斯基

1. 恪盡職守的作戰部長

亞歷山大・米哈伊洛維奇・華西列夫斯基於西元 1895 年誕生於俄羅斯，父親是一位神父。在第一次世界大戰爆發時從軍參戰，表現出傑出的軍事才能，21 歲時被提升為營長，獲上尉軍銜。十月革命爆發後，華西列夫斯基加入蘇聯紅軍。

1920 年 11 月，華西列夫斯基所在的步兵第 48 師奉命調到斯摩棱斯克省駐防，同時負責該地區的剿滅殘匪的工作。他所擔任營長的那個獨立營由於一些年紀較大的軍人被動員退伍或發送回籍而宣布解散。

1922 年，蘇俄工農紅軍開始改制，他被任命為第 142 團副團長，後因團長被派出學習，他便代理該團團長之職，未久，則成為該團的正式團長。1922 年 9 月，華西列夫斯基還率所部參加了軍區聯合組織的一次各兵種協同作戰的大規模對抗演習。這在國內戰爭結束以來還是第一次，當時的蘇聯紅軍總司令加米涅夫及紅軍第一副總參謀長沙波什尼科夫都親自參加了。

經由這次大規模軍事演習，華西列夫斯基大開眼界。雖然自己只是一名普通的紅軍中級指揮員，但他已經了解到，軍隊今後的首要任務必須大力全面提高各人員的軍事理論修養和作戰技術水準，從根本上提升部隊的戰鬥力。因此，他在自己所在團內率先展開各種軍事技術訓練，甚至包括旨在提高軍隊身

體體能的軍事體育訓練活動。為此，華西列夫斯基本人多次受到師首長，甚至上至軍區首長的表彰。

正因為如此，當 1924 年初整個蘇聯紅軍倡導提高部隊全面戰鬥力的活動展開後，華西列夫斯基便被師部調出，指定由他擔任師初級指揮學校校長之職。在此任上，華西列夫斯基充分發揮了自己的特長。他不僅為步兵第 48 師培養出了第一批現代化背景下中級指揮員的助手，而且還在軍事教學實踐中獨創了一套新的教學與訓練方法，特別是結合當時進行的軍事改革活動，對該師初中級指揮機構做了相當合理且更切合實際需求的大膽調整。華西列夫斯基的一個很顯著特點和優點，就是熱愛自己的工作並鑽研其中，他總能在自己的任何工作崗位上取得令人稱譽的成就。從根本上說來，這確實是一個人的素質與能力問題。

1926 年夏，當華西列夫斯基還在第 143 團團長任上的時候，他奉命到「維斯特列爾」步兵戰術進修學校團長進修班學習了一年。該校是蘇軍最老和最有名望的一所軍校，始建於 1918 年 11 月，到 1924 年正式定名為：共產國際「維斯特列爾」工農紅軍指揮人員步兵戰術進修學校。

1927 年 8 月，華西列夫斯基為期一年的軍校進修結束。他仍回到了原來的第 143 團工作。此後不久，他又被派到第 144 團擔任團長。

1931 年秋，華西列夫斯基奉命由步兵第 48 師調入蘇聯紅軍軍訓部任職。蘇軍軍訓部是一個剛剛成立的新部門，它的主要任務是負責全軍新形勢下軍事訓練的安排部署、督導檢查等工作。

在軍訓部工作的兩年時間裡，華西列夫斯基先是主持編輯《軍訓通報》。後來，蘇軍最有影響力的軍事學術刊物《軍事通報》也轉歸軍訓部辦理，他同時也成了該刊的主要負責人。此間，華西列夫斯基深入地研究了關於大縱深進攻戰役的理論，以及諸兵種合成戰鬥動作協調等一系列最新軍事科學理論。這為他後來在偉大的衛國戰爭中成功地籌劃和領導大規模戰役行動奠定了堅實的理論基礎，也構成了他軍事思想的主要框架。

由於華西列夫斯基在大縱深戰役理論研究方面的突出成績，當謝佳金將軍（他也是這一理論的主要闡釋者之一）出任第 2 任軍訓部部長後，華西列夫斯基曾多次被派遣到各軍區的野戰部隊去檢查應用訓練演習。在 1933 年夏季進行的諸兵種合約大縱深戰役試驗演習中，華西列夫斯基被任命為演習導演司令部的參謀長。擔任這次演習總導演的是蘇軍參謀長葉戈羅夫，副導演是蘇軍炮兵主任戈羅夫斯基。為了這次震動全軍的大型演習的準備和總結工作，華西列夫斯基整整忙了 4 個月。演習結束後，他參與編寫了《大縱深諸兵種合約戰鬥細則》、《步兵、炮兵、坦克兵和航空兵在現代諸兵種合約戰鬥中的協同動作細

則》。這些，後來曾廣泛分發至全軍各部隊使用。

1934 年，華西列夫斯基被派到窩瓦河沿岸軍區司令部擔任軍訓部長一職。此間，他結識了許多後來成為蘇軍名將的軍事領導人。如他的終生摯友、著名的朱可夫元帥及索科洛夫斯基元帥、布瓊尼元帥、特卡切夫將軍等都是他在這時認識的。

1935 年 9 月，蘇共中央和人民委員部做出決定，在陸海軍中普遍實行指揮人員和領導人員軍銜制。華西列夫斯基當時被授予上校軍銜。

1936 年秋，受國防人民委員派遣，華西列夫斯基上校前往剛剛成立的總參謀部學院深造。畢業後，留在總參軍事學院擔任包括集團軍戰役教研室在內的後勤教研室主任。

1937 年 9 月，當華西列夫斯基在總參學院工作剛滿一個月時，總參謀部又來了新的調令，總參謀部任命他為總參機關主管軍隊高級指揮人員戰役訓練處處長一職。這樣，從這年 10 月起，華西列夫斯基就開始在蘇聯紅軍總參謀部工作了。這時他根本預料不到的是，此後這裡竟成為他長期永久性的家。

1939 年初，由於戰爭日益臨近，總參謀部決定將原來的作戰處擴充為權限更高的作戰部，作戰部是總參謀部的核心機構。同年 6 月，華西列夫斯基出任作戰部副部長，同時兼任戰役訓練處處長之職。

儘管蘇聯政府與法西斯德國簽訂《德蘇互不侵犯條約》，但

蘇聯最高軍事委員會對此並不抱幻想。還在戰爭爆發初期，史達林便指示總參謀部著手擬定和編制旨在應付突發事變的蘇軍戰時集中和展開作戰計畫（後總參謀部將它命名為「反擊侵略計畫」）。這項工作最早是由蘇軍總參謀長沙波什尼科夫負責領導的，具體參與這項計畫編制的即是總參作戰部瓦圖京部長與華西列夫斯基副部長。

1940 年 5 月間，為適應即將到來的戰爭形勢，蘇共中央和蘇聯政府對國防人民委員部和總參謀部的長官進行了大幅度的調整。在這次調整中，華西列夫斯基被任命為總參謀部第一副部長，具體負責西方工作。

1941 年 6 月 22 日凌晨，法西斯德國在蘇聯邊境西部約 1,000 多公里的寬大正面突然發起了侵蘇戰爭。至此，希特勒蓄謀已久的、蘇方隨時在準備的德蘇戰爭終於爆發了。

戰爭爆發最初的兩個月裡，華西列夫斯基的工作崗位一直在總參謀部作戰部。那時，作戰部簡直像一所蜂房，「蜜蜂」從前線飛回來，帶來了緊急情報，然後立即分發到當時根據戰鬥方向成立的 3 個處 —— 西方處、西北處、西南處。各個方面軍司令部都把他們的情況匯總到這裡，經過處理再轉給最高統帥或大本營，然後他們再把新的訓令或命令下達給前線各部隊。

作戰部內掛滿了各種比例和各種用途的地圖，電話機話筒上的連線長達 10 公尺以上，這為的是一邊聽電話，一邊隨手在

各處的地圖上做好軍事標記。10 多部「博多式」電報機和數十部電話夜以繼日地工作。有時這還不夠，還要加上通訊飛機或偵察機與前線保持連繫。

華西列夫斯基經常向同僚們說的一段話就是：「準確而可靠及時的情報，對一個參謀人員來說就像空氣一樣必不可少。前線有什麼變化？我軍和敵軍的部隊位置現在在哪裡？戰鬥在什麼地區進行？援軍要派往何處？什麼地方需要技術兵種？需要哪種技術兵器？……所有這些，都需要有條不紊地、不誤時機地傳到大本營，傳到最高統帥那裡。」

2. 進入總參謀部

德蘇戰爭進入第一個秋季的時候，當時法西斯希特勒軍隊並未喪失其優勢地位，雖然自入侵蘇聯以來他們已經損失兵員達 53 萬之多，但他們仍在氣勢洶洶地猛烈向東推進。法西斯軍隊仍然掌握戰爭的主動權，掌握制空權，在戰場總兵力和兵器方面也仍有相當大的優勢。在西北地區，蘇軍未能制止住德國軍隊向列寧格勒的挺進，隨後這座城便遭到了敵人的圍困；在西南戰場，由於基輔陷落，致使哈爾科夫工業區和頓巴斯受到嚴重威脅。在克里米亞，蘇軍受到了敵人的分割包圍，他們獨自承受著法西斯軍隊的打擊。

那時，蘇軍最高統帥部大本營和總參謀部所最為關切的仍是西部戰場，即中央方向的戰局變化。總參謀部認為，雖然秋季以來這裡的形勢比較穩定，但這並不全是因為法西斯軍隊曾在這裡遇到了頑強的抵抗和打擊。顯然，敵軍由進攻轉入防禦只是暫時的，他們正在這個方向上組織新的突擊集團，以便在認為適當的時候從這裡發動對莫斯科的第二次攻勢。因為，法西斯希特勒一直堅定認為，只要蘇聯首都還是蘇方戰爭的鼓舞中心和組織中心，那麼就休想取得對蘇戰爭的最終勝利。所以，他們一定不會放過在這裡透過殊死決戰來決定戰爭命運的機會。

事實證明，蘇軍總參謀部的這種判斷是正確的。

9月底，希特勒德國軍隊基本上完成了奪取蘇聯首都莫斯科的策略部署。希特勒在「中央」集團軍群司令部的會議上說，在這次戰役中必須對莫斯科實行合圍。進攻方法仍像戰爭初期那樣，同時從 3 個方向給拚死防禦的蘇軍以決定性打擊。他把該戰役命名為「颱風行動」，規定的突擊日期為 10 月 2 日。

當時，德軍「中央」集團軍群已集中了 77 個師的部隊，總人數在 100 萬以上，擁有 1,700 輛坦克和強擊炮，1,400 門火炮和迫擊炮，950 架作戰飛機。而與之對抗的蘇軍西部方面軍、大本營預備隊方面軍和布良斯克方面軍，僅擁有約 80 萬兵力，6,808 門火炮和迫擊炮，782 輛坦克和 545 架飛機。更為嚴峻的

是，當時大本營已經不再掌握有已經編成的任何策略預備隊了。

9 月 30 日，德軍「中央」集團軍群裝甲部隊首先派出的一支先遣部隊出發了。10 月 2 日，霍特的裝甲兵團和古德林的裝甲兵團同時在兩個方向發起突擊，從而揭開了維亞茲馬和布良斯克雙重戰役的序幕。先是奧廖爾被攻占，接著維亞茲馬和布良斯克也相繼陷落。在西南方向，距莫斯科不到 100 俄里的卡盧加被攻占，在西北，距莫斯科 93 俄里的加里寧城也被攻占。

莫斯科處於危急中。

10 月 5 日，國防委員會做出保衛莫斯科的決定。決定號召全體莫斯科市民，必須不惜一切代價，協助蘇軍保衛自己可愛的城市和祖國的首都。當天，華西列夫斯基身為大本營代表與國防委員會委員伏羅希洛夫、莫洛托夫及馬林科夫到了西部前線。他的具體任務是把衝出敵人重圍和從西部撤下來的部隊火速派往莫扎伊斯克防線並在那裡組織防禦。下午 3 時，華西列夫斯基到達西部方面軍司令部。在那裡，經過與該方面軍首長一起努力，用了 5 天時間，終於從勒熱夫、謝切夫卡及維亞茲馬撤下來的部隊中抽調了 5 個步兵師的兵力，並派他們開赴到莫扎伊斯克一線。

10 月 9 日，當華西列夫斯基在西部方面軍司令部向史達林做例行工作匯報時，史達林決定把朱可夫從列寧格勒方面軍調來，繼續擔任西部方面軍總司令，並準備把大本營預備隊方面

軍合併到該方面軍以加強力量，華西列夫斯基表示完全同意這種安排。次日上午回到莫斯科後，大本營就做出了這項正式決定，最後的命令文稿即是華西列夫斯基親自起草的。

10月14日，法西斯德國軍隊又開始進攻。莫斯科的各個主要方向都在進行激戰。各方向的戰線都越來越逼近莫斯科市區，首都的危險大大地增加了。為此，國防委員會決定，一些政府機關、外交使團、大型國防工廠以及蘇聯首都的科學文化機構都必須撤出莫斯科市，只允許國防委員會、最高統帥大本營及對國家和武裝部隊實施有效領導所必不可少的黨政軍機關留在這裡。

16日，最高統帥部決定，為了做到在任何情況下都能可靠地指揮部隊，必須把總參謀部分成兩個梯隊：其第一梯隊總計10人，由副總參謀長華西列夫斯基領導，留下負責前線軍隊的指揮；第二梯隊是大部分，則由總參謀長沙波什尼科夫帶領遷往新地點，並在次日早晨乘坐兩個列車向莫斯科郊外轉移。但這撤出去的總參謀部第二梯隊，仍必須時時與大本營保持牢固的連繫。

由華西列夫斯基領導的總參謀部第一梯隊，當時人們都習慣性地把它稱為作戰參謀小組，它直接聽命於大本營。具體職責大致有如下數條：

1. 全面了解和正確評估前線的形勢；

2. 經常地、準確地、但又不過於煩瑣地向大本營提供前方形勢的情報；

3. 如前方形勢發生變化，要及時而正確地擬定出自己的建議向最高統帥部報告；

4. 根據大本營作出的戰役策略決定，迅速準確地擬定具體方案和訓令；

5. 對大本營一切決定的貫徹情況進行嚴格的、經常不斷的監督，對部隊的戰備情況和戰鬥力、預備隊的編組和訓練情況、部隊作戰物資的持續補給實行監督。

秋雨是嚴寒和冰雪的前奏。身穿夏裝的德軍士兵要在蘇俄的首都過一個舒服的寒冬了。德製坦克沒走多遠就陷入泥潭之內，簡直無法前進。後面的炮車和運輸車輛也全都陷在田野裡更深的泥潭中，絲毫動彈不得，連彈藥和糧食都送不過來。德國指揮官無可奈何，只得下令全線停止前進以待大地封凍。

這時，蘇軍那體積龐大的遠遠出乎德國士兵意料的寬履帶坦克群，像一群發了瘋的巨形怪獸，猛烈地向德軍停止進擊的前線緊逼過來。

德軍的猛烈進攻被雨季的泥濘和蘇軍的重型坦克暫時止住了，其突擊集團先鋒部隊的前出部分遭到了很大的損失。即使某些地段的德軍仍在頑強地、一步一步地向前推進，但進攻的速度顯然大大減弱。在南面主攻的古德林部隊，也在距圖拉還

有 3 俄里的地方停頓下來。原來，他們企圖一舉攻下圖拉，然後從背後或側翼包圍莫斯科，以便由此率先攻入俄國首都。但是，他們過去在各個戰場曾經所向無敵的巨大坦克群也陷入了進退不得的泥潭之中。

華西列夫斯基從作戰參謀小組獲悉這一情報後，當即打電話向史達林報告喜訊。

此時，蘇軍最高統帥部內有人提出進行反攻的建議。史達林詢問華西列夫斯基的意見時，這位沉著穩健的將軍表示不贊同。因為，根據當時他領導的作戰參謀小組的判斷，德軍近期還要展開新的攻勢，這說明他們還有力量。

到 11 月底，德軍的進攻力已漸告竭，這正是由於氣候條件、敵人戰線的拉長及蘇軍的頑強抵抗等多種因素造成的。總參謀部這時便提示大本營說，現在我軍轉入反攻的時機似乎差不多了。最高統帥部大本營和國防委員會也堅信此點無疑。經研究，最後把發起對德軍反攻的日期定在 12 月 5～6 日。這時，希特勒的司令部還沒有正式下令停止進攻，但實際上各個方向上的德軍進攻已經基本停止。

恰在此際，沙波什尼科夫總參謀長病倒了。於是，史達林要求華西列夫斯基立即出任代理總參謀長一職。此後，華西列夫斯基與史達林等大本營成員一起，具體制定、籌劃並直接領導了這場莫斯科城下的反攻。這是德蘇戰爭爆發以來，蘇軍所

進行的第一次大規模的反擊德軍的行動。

對於這次反攻行動，蘇軍最高指揮中樞自信可以成功。這可以從下面一點得到證實和證明：12 月 15 日，即在反攻開始後的第 10 天，蘇共中央就做出了把原來遷出莫斯科的黨、政、軍機關遷回的決定。而原來遷出的總參謀部第二梯隊，早在 11 月下旬就已遷回莫斯科，以便立即投入反攻的準備工作。

反攻計畫編制完成後，身為代理總參謀長的華西列夫斯基在 12 月 4 日便親自前往加里寧方面軍司令部。在那裡，他當面向該方面軍總司令科涅夫傳達大本營關於轉入反攻的最後指示，並在那裡作為大本營代表協調該方面軍不折不扣地執行反攻命令。

何以需要如此呢？原來，在 12 月 1 日凌晨 3 時 30 分，他和史達林兩人曾親自簽署了一道命令，要求科涅夫的加里寧方面軍不要在自己所轄的地域內另外組織任何局部反攻，而應把主力用在配合朱可夫的西部方面軍的反突擊進攻上面。但隨後科涅夫即打電話給華西列夫斯基，藉口缺乏坦克和兵力不足，不想採取支援西部方面軍的行動，仍想單獨進行一次進攻加里寧的局部戰役。最後，在華西列夫斯基答應他增加兵力支援的情況下，科涅夫才勉強放棄了自己原來的主張。儘管如此，史達林仍不放心，於是便派華西列夫斯基親自來到這裡。

經過莫斯科保衛戰這場空前的激烈角逐，蘇軍很多高級指

揮人員經受了鍛鍊，他們更多地掌握了現代化戰爭條件下一系列軍事策略技巧與軍事指揮藝術。華西列夫斯基在協助最高統帥部大本營籌劃、指揮這次會戰中，學到了許多實戰軍事技能，並在這次著名戰役中晉升為蘇軍高級將領。對於他的卓有成效的工作和獻身祖國的精神，蘇聯國防委員會和最高統帥部給予了高度的讚譽，同時也給予他應有的實際地位和待遇。

4 月中旬，華西列夫斯基身為大本營代表，被最高統帥部派往西北方面軍工作去了。按當時 1942 年春季和夏初蘇軍作戰計畫的規定，在西北方向上還有一個所謂的局部戰役。它要求西北方面軍和加里寧方面軍協同行動，將已經陷入蘇軍合圍的法西斯傑緬斯克集團軍就地聚殲。華西列夫斯基此行的任務，就是協助該方面軍首長做好這次戰役的具體籌劃和指揮。他在這裡一直工作到 5 月 8 日。

正當他們準備實際實施這一聚殲行動時，忽然接到最高統帥部大本營的一道命令，要求華西列夫斯基盡快趕回莫斯科。原來，是總參謀長沙波什尼科夫心臟病突發不能照常工作，總參謀部的工作又須臾不可離人主持。於是，從 5 月 11 日起，華西列夫斯基便第二次受命代理總參謀長一職。

稍後，病癒並逐漸恢復健康的沙波什尼科夫向最高統帥部提出，由於自己年齡和健康的原因，最好辭去總參謀長之職，而去某所軍事院校擔任一些身體能夠承受的較輕鬆的職務。而

且，他還正式提議總參謀長一職的繼任人選，他認為華西列夫斯基是最合適的了。因為，這位被推薦者不僅特質和能力方面無可挑剔，其忠誠、幹練、機敏及沉著多思，都可以說是一流的人才。此外，在資歷上也說得過去，華西列夫斯基於 1942 年4 月 26 日始獲上將軍銜。史達林當即表示可以考慮他的建議和要求，只是關於華西列夫斯基繼任問題，須得到蘇共中央政治局和國防委員會的批准方可。

6 月 24 日，經研究，蘇共中央政治局和國防委員會決定：任命亞歷山大·米哈伊洛維奇·華西列夫斯基上將為蘇聯紅軍總參謀部總參謀長。

在一定的意義上，對華西列夫斯基來說，此番出任蘇軍總參謀長很有點臨危受命的味道。當然，這是從此間蘇軍戰場所面臨的諸種嚴重局勢這個角度來說的。因為，在他上任還不到一週，蘇軍戰場的各個方向就開始出現一系列重大失利，隨之而來就是整個春季和夏季的形勢逆轉……

第一樁就是克里米亞戰場上形勢日益複雜和日趨惡化。

一波未平，一波又起。接踵而來的就是西南方向鐵木辛哥元帥領導的所謂卡爾可夫附近進攻的慘重失敗。由此，還嚴重地累及布良斯克方面軍左翼的安全，以致整個西南戰場的局勢迅速惡化起來。

5 月中旬，德軍的突擊力量仍在不斷地增加，各種坦克集群

和摩托化步兵師越來越多地蜂擁到蘇軍側翼。估計，很快將嚴重威脅到第 9 和第 57 集團軍的後方。

尤其糟糕的是，當時鐵木辛哥不僅未意識到這種危險，反而仍然顧前不顧後地堅持他的向前進攻方針。當晚，華西列夫斯基打電話給他的老同事、第 57 集團軍參謀長阿尼索夫，後者向他如實地報告了前線的真實危機。由此，華西列夫斯基斷定，德軍業已展開的這個進攻很可能就是其大規模春季進攻的前奏。顯然，敵人是想先清除巴爾文科沃突出部，然後全殲蘇軍西南和南方兩個方面軍。這種分析如果成立，那麼後果將不堪設想。因此，他認為，只有立即停止鐵木辛哥集團軍向哈爾科夫的進攻，並將原用來突擊的部分兵力調轉頭，以解除對第 9 和第 57 兩集團軍的危險。因為在該地區根本沒有任何預備隊部署，也沒有其他可供調用的蘇軍部隊。

打定主意後，華西列夫斯基立即向最高統帥做了匯報，並如實說出自己的這番打算。不料，史達林卻不願意改變自己的主意。當他與鐵木辛哥通話後，後者也沒有表現出多麼的不安，並且提出，只要再增派 1 個師的預備隊給他，堅持既定方向進攻便絕無問題。所以，他放下電話對華西列夫斯基說：「鐵木辛哥元帥正在採取的措施完全能夠擊退敵人對南方方面軍的突進，所以西南方面軍仍將繼續進攻。」

5 月 18 日，形勢繼續惡化，華西列夫斯基非常著急。他再

次找到史達林，建議必須立即停止哈爾科夫方向的進攻，將西南方面軍的突擊集團軍轉向南面抗擊敵人。這次史達林走到電臺旁，要求西南方向軍事委員會對現時情況做出判斷。鐵木辛哥元帥再次做出了一切無恙的保證。晚上，史達林又就這個問題與西南方面軍軍事委員赫魯雪夫通話，後者也報告說，儘管克萊斯特集團軍的威脅在增大，但沒有理由終止進攻。於是，進攻便仍然繼續。華西列夫斯基心急如焚，卻一籌莫展：眼看一晝夜的時間又過去了，怎麼才能說服最高統帥呢？

情況一個小時比一個小時嚴重。到 5 月 19 日下午，敵軍在巴爾文科沃突出部合圍蘇軍的威脅已相當明顯了。此時，鐵木辛哥才下令停止哈爾科夫戰役，調轉突擊部隊對付正在形成合圍之勢的克萊斯特集團軍。但是，為時已晚。由於各部隊在夜間才開始執行命令，極為寶貴的時間再次損失了。及至翌日拂曉及以後的幾天中，德軍的強大坦克突擊集群已經重創蘇軍第 9 集團軍，並將其趕過了頓內次河。隨後，敵人迅猛突入第 6 和第 57 集團軍及博布金將軍集群的後方，很快就合圍了這些部隊。

到 5 月 23 日，第 6、第 57、第 9 集團軍的部分部隊、博布金所部完全陷入敵軍重兵合圍之中。經過一個半月的苦戰，只有很少一部分突圍出去，絕大多數都無法衝出重圍。在德軍予以大量殺傷後，蘇軍大部分戰死，餘者全都被俘。在戰鬥中壯

烈犧牲的有方面軍副司令員科斯堅科中將、第 57 集團軍司令員
波德拉斯中將、參謀長阿尼索夫少將、軍事委員（旅級政委）波
品科大校、第 S 集團軍司令員戈羅德揚尼斯基中將、軍事委員
弗拉索夫大校、集團軍群司令博布金少將等一大批高級軍官和
士兵。據有關史料提供的說法，此一役，蘇軍死傷及被俘者，
總計達 25 萬人之眾，損失坦克 600 餘輛，還有大量其他兵器。

　　總參謀部聞得這個消息，華西列夫斯基總參謀長不禁為之
失聲……

　　在克里姆林宮，史達林也懊悔莫及。

　　然而，蘇軍西南戰線的危急並未到此結束。鐵木辛哥元帥
調轉回師的突擊集團軍也遭到德軍的頑強阻擊，在經受巨大損
失後，不得不被迫退到奧斯科爾河地帶固守。

　　6 月 28 日，得勢猖狂的德軍的巨大進攻真正開始，這就是
他們的夏季攻勢。敵軍從庫斯克到羅斯托夫的廣闊戰場上，分
兩路猛烈突擊，其中一路就是包路斯指揮的最強大的第 6 集團
軍，其直指方向正是原西南方面軍與布良斯克方面軍之間的薄
弱結合部。該部德軍依靠其強大的坦克集群，橫衝直撞，直取
前方。這裡，是數百里一望平川的草原，沒有那些曾把它阻擋
於莫斯科城前的大片森林，沒有高山，沒有丘陵，沒有溝壑。
坦克集群旋風般地向前驅馳，揚起了 40 里之內都清晰可見的蔽
天塵埃。它們瘋狂地駛過無數的城鎮和鄉村，所留下的僅是死

神光臨的痕跡。

到 7 月 2 日，布良斯克方面軍所在的沃羅涅日地域局勢也日益嚴重惡化。敵軍兩天內即疾進 80 公里，而且推進的勢頭仍未見減。蘇軍這一方向上的所有預備隊都使用上了，但仍止不住德軍的強大攻勢。為了阻止敵軍占領沃羅涅日這一重要城市（它是由西北通向史達林格勒的門戶），最高統帥部決定，再增加兩個諸兵種合成集團軍交給布良斯克方面軍指揮，同時又把強大的坦克第 5 集團軍也撥給該方面軍，並派華西列夫斯基親臨前線，負責這裡劇烈戰鬥的協調和指揮。不久，由於南方方向也出現了麻煩，華西列夫斯基又被緊急召回大本營。

就這樣，在這段極為緊張艱難的日子裡，華西列夫斯基身為新上任的總參謀長和大本營代表，總是在最高統帥部和前方戰場之間來來去去，疲於奔命。

在這危急時刻，華西列夫斯基身為大本營代表於 7 月 23 日到達前線。他是受最高統帥部的命令前去與史達林格勒方面軍首長共同應付這一難題的。前此不久，最高統帥部已經把大本營預備隊方面軍中幾乎所有部隊都編入了該方面軍。除了尚未準備就緒的坦克第 1 集團軍和第 4 集團軍外，大本營在這一地區已沒有任何可供使用的預備隊了。經與史達林格勒方面軍司令戈爾多夫中將商量，華西列夫斯基認為，現在唯一的辦法就是使用這兩支正在組建中的坦克集團軍。但是，經過連繫才得

知，坦克第 4 集團軍至少需要兩晝夜的時間才能趕到。當時，前線形勢根本不允許坐等這麼久。在這種情況下，華西列夫斯基當機立斷，決定只派坦克第 1 集團軍單獨對敵人實施反突擊。

華西列夫斯基想，對現在來說，時間是最寶貴的。如果延誤或錯過這段時間，敵軍就可能渡過頓河，並在河的右岸建立起可以固守的陣地。到那時，再想把敵人趕回去，恐怕不是不可能也是非常困難的了。結果證明，華西列夫斯基的決斷是正確的。當 7 月 25 日蘇坦克第 1 集團軍發起反突擊後，敵軍的陣地果然被衝亂了。他們萬萬也沒有想到，在這時蘇軍還有預備隊可以使用，而且又是如此迅速地突到了自己的後方。於是，敵軍被迫轉入防禦態勢。不久，奉命開到這裡的蘇坦克第 4 集團軍也從另一個方向加入了對德軍的突擊，這更使包路斯大惑不解：怎麼又出現了新的蘇軍坦克集群；元首和統帥部提供的情報不是說這個方向上敵人再也沒有預備隊可以使用了嗎？無奈之下，德軍只好暫時退卻，退出了他們想要銳意進取的史達林格勒方向。

華西列夫斯基急中生智安排的這次反突擊行動，雖然未能一舉消滅敵軍，但它卻打破了包路斯集團軍企圖圍殲第 62 集團軍的計畫。更重要的是，它打亂了敵軍的行動計畫，使其失去了迅速進攻的能力和機會。其一鼓作氣奪取頓河渡口、並前出到史達林格勒附近地區的既定計畫落空了。這樣，希特勒原以

為完全可能的令該集團軍在急速奔進中一舉攻下史達林格勒的最終策略追求，也隨之化作了永遠不能實現的泡影。

到 8 月上旬，希特勒決定同時從南北兩個方向發起新的一輪攻勢。其計畫為：由第 6 集團軍從西北面自上布齊諾夫卡發動進攻；由坦克第 4 集團軍從南面自阿布加涅羅沃地區發動進攻。雙方進攻務求合圍態勢，以便一舉攻占史達林格勒。

蘇軍最高統帥部大本營和總參謀部是從一位前線偵察員的報告中獲知敵軍新的大規模進攻端倪的。據該偵察員提供的情報，原先在巴夫洛夫斯克至韋申斯卡亞地段擔任防禦任務的敵第 6 集團軍，已被義大利第 8 集團軍替換下來，集中到史達林格勒方向去了。經過分析，總參謀部認為，德軍的這種調防肯定不是正常的舉動，這說明第 6 集團軍另有新的更重要的任務。什麼任務呢？再明顯不過了，它只能是被用來對史達林格勒進行突擊進攻。因為，該集團軍是這個方向上德軍最強大的部隊。

8 月 5 日，為了對付敵軍隨時都可能發動的新的人規模進攻，最高統帥部大本營決定把史達林格勒方面軍一分為二，即改組為兩個方面軍 —— 東南方面軍和史達林格勒方面軍。

之所以做出這樣的安排，在當時也還有另外的實際考慮。這就是，隨著 8 月上半月連續未斷的激戰，原史達林格勒方面軍的戰線已經延伸至 800 公里之長，這使該方面軍首長越來越不適應指揮和組織這麼多軍隊的戰鬥行動。因為，當時這些軍

隊不得不在兩個互相分離的方向上作戰。當然，也有原方面軍首長不稱職的問題，這個問題在以後也是存在的。基此，在未做人事調整前，8月13日，大本營又決定：將史達林格勒方面軍撥歸東南方面軍節制；兩方面軍的最終指揮權，由派往這裡的大本營代表華西列夫斯基負責協調和領導。

8月19日，德軍第6集團軍和坦克第4集團軍按預定計畫開始了對史達林格勒的第一次直接進攻。包路斯和霍特這兩個法西斯惡魔，簡直是傾其所有地把強大的快速集群從南北兩個方向推向史達林格勒城郊。先是包路斯集團軍從卡拉奇方向突破了蘇軍的防禦，並在23日把部隊前出到了史達林格勒以北的窩瓦河一線。隨後霍特集團軍也從城南楔入蘇軍防線，並使其所部前鋒前出到了京古塔車站。至此，史達林格勒的形勢開始呈現危局。

此間，身為大本營代表的華西列夫斯基一直在東南方面軍司令部。當隨後德軍飛機對史達林格勒肆無忌憚地實施空中轟炸時，他曾目睹了這座英雄城市變成廢墟的全過程。

一度，華西列夫斯基與總參謀部、最高統帥部的電報電話連繫全部中斷，他不得不在指揮觀察所內用無線電拚命地喊話。電話連繫接通後，史達林發來了指示給他和前線的兩個方面軍首長：不惜一切代價阻擊敵人，誓死保住城市。

8月25日，華西列夫斯基再次接到史達林的命令要求他立

即趕到北郊附近的一個屯兵場去，並領導那裡剛剛開來的部隊進行突擊敵人的準備工作。稍後，剛剛被任命為最高副統帥的朱可夫元帥也趕到了那裡，他是史達林派來接替華西列夫斯基並領導整個史達林格勒地區蘇軍作戰的。因為，總參謀部和最高統帥部大本營非常需要華西列夫斯基這顆「智多星」；而在具體指揮作戰方面，史達林似乎又認為朱可夫要比參謀出身的華西列夫斯基強些。

9月1日，華西列夫斯基奉命離開前線，他下飛機後便直接到克里姆林宮史達林辦公室向最高統帥作戰部進行局勢匯報。可是，在他離開後這段時間裡，前線的戰鬥更加殘酷，更加激烈。有著優勢兵器和兵力的德軍已經攻破了史達林格勒城垣，其中一部分坦克部隊已與守城的蘇聯軍民拉開了巷戰的序幕。

9月上旬，史達林把副最高統帥朱可夫和總參謀長華西列夫斯基叫到了他的辦公室。他找他們來，主要是想聽聽兩位對當前史達林格勒前線戰局的分析和預測，商量如何擺脫各部隊當前的困境，以及怎樣才能解決掉德軍包路斯第6集團軍與霍特坦克第4集團軍，並最後奪取史達林格勒戰役的最終勝利。應該說，朱可夫和華西列夫斯基是史達林在衛國戰爭時期的左右手，是史達林最為信任和賞識的兩員猛將。在史達林看來，朱可夫有足夠的軍事指揮天才，而華西列夫斯基則是無與倫比的軍事智囊。他們共同的特點是沉著機敏，有決斷能力，尤其富

有軍事創造才能。

9 月底，最高統帥部大本營決定，關於進攻的準備工作，在西南方面軍和頓河方面軍，由最高副統帥朱可夫領導；在史達林格勒方面軍，由總參謀長華西列夫斯基領導。隨後，他們兩位便各自趕到自己所在部隊去。

11 月 13 日，華西列夫斯基代表總參謀部向蘇共中央政治局和大本營報告了經過核實的「烏蘭」進攻計畫。

戰役進攻發起前，華西列夫斯基與朱可夫又向史達林提出了一項新建議：為了使希特勒和德國統帥部無法在史達林格勒戰役危急時刻從維亞茲馬以北地區抽調部隊來增援敵「南部」集團軍群，蘇軍必須在維亞茲馬以北的莫斯科中央方向發起一次迅猛的誘攻性戰役，順便一舉吃掉一直威脅首都的勒熱夫突出部地域的德軍。史達林對此也十分感興趣，他很快就同意了這個建議，並要求他倆中派出一人來負責這個誘攻任務。最後，朱可夫被派到了那裡，因為他此前曾擔任過西部方面軍司令。這樣，華西列夫斯基便成了南部戰線史達林格勒地域戰鬥的總負責人。隨後，朱可夫便奉命前往西線，而華西列夫斯基則直接到了史達林格勒前線。

由於擔任此次戰役突擊任務的西南方面軍把司令部設在了綏拉菲莫維奇市。為了方便協調指揮，總參謀部便在這裡也為華西列夫斯基準備了一個協調三軍（西南方面軍、頓河方面軍和

史達林格勒方面軍）的指揮所。

11 月 17 日，華西列夫斯基經過戰前巡迴檢查，正準備於當天搬到自己的前線指揮所去。恰在這時，他突然又接到史達林的電話指示，要他必須在 18 日到莫斯科討論問題，具體什麼問題沒做任何透露。

第二天，華西列夫斯基如約來到克里姆林宮，史達林和全體國防委員正在那裡開會。史達林立即接待了他，並把一封信交給他，請他仔細加以研讀。說完，史達林便回自己的辦公室繼續開會去了。

在一間被指定只有他一人才能進出的房間裡，華西列夫斯基急忙地展開了這封信。讀畢令他大吃一驚，並且丈二金剛摸不著頭緒。原來，寫這封信的人，正是在即將開始的史達林格勒戰役中擔負重要突擊進攻任務的機械化第 4 軍軍長沃利斯基。這封信是他不久前寫給國防委員會的，內容是請求推遲或乾脆取消馬上就要進行的這次戰役。這位軍長在信中寫道：鑑於進攻開始前敵我兵力和兵器的對比情況，擬議中的史達林格勒戰役的進攻不僅不會成功，而且，他認為，必定會帶來一切嚴重後果的慘敗。因此，身為一名忠實的共產黨員，並代表參加這次進攻的其他負責幹部，他請求國防委員會立即詳細地檢查就實施這次戰役所做出的決定是否符合現實，請求推遲這次戰役，或者完全取消這次戰役。

　　華西列夫斯基把這封信一連看了兩遍，越看越覺得不可思議。他大大地感到驚訝，也極困惑。他對寫信人雖不很熟悉，但還是了解的。最近幾週，這位軍長一直在參加戰役的準備工作。不論對整個戰役，還是交給他負責的該軍任務，他一次都未表示過異議。更何況，在前不久的那次總結會議上，他還當面向大本營代表（即華西列夫斯基）和方面軍軍事委員會保證，他的軍隊將堅決完成任務，並表達了自己軍隊的充分戰鬥力及全體官兵的高昂士氣。

　　史達林要他急匆匆地趕回來，就是因為國防委員會要在這個問題上聽聽他的看法。一則，他認識並了解這位寫信人；再者，這位軍長就在他負責協調指揮的部隊中，而且戰役馬上就要開始。當然，華西列夫斯基是不同意這封信的分析的，他當時就把這一看法告訴了史達林和國防委員會委員們。

　　當時，史達林當著華西列夫斯基的面就打了電話給沃利斯基軍長，在簡短的談話中，最高統帥並沒有嚴厲地批評這位軍長。然後，他對華西列夫斯基說，他的意見是暫時把寫信人留在軍隊裡，因為後者剛剛還表示過一定完成上級交給他們軍隊的任務。關於他是否還擔任該軍軍長的問題，要按該軍的行動結果再做最後決定。但是，關於該軍隊及寫信者本人在戰役頭幾天的作戰表現，他命令華西列夫斯基必須向他提出專門報告。

　　11 月 19 日清晨，華西列夫斯基就回到謝拉菲莫維奇的指揮

所裡。這時，進攻已經開始了。

　　雖然早晨的濃霧和飛雪使突擊發起時根本不能使用強擊航空兵實施先期轟炸，但各方向的突擊集群仍然進展頗快。西南方面軍的主攻突擊很快就粉碎了羅馬尼亞軍隊的防線，一天之內就向前推進了 20 多公里。有些集團軍則挺進到了 30 ～ 35 公里的縱深。同樣，史達林格勒方面軍的突擊行動，也沒有更加受到惡劣天氣的影響，他們照樣取得了輝煌的戰果。特別是沃利斯基指揮的機械化第 4 軍，表現得更加卓越而勇敢，他在第一天之內也率部前進了 20 多公里，成績非凡。在當天晚上向最高統帥的匯報中，華西列夫斯基特別遵囑談到了該軍的無畏行動。至此，史達林心裡才像一塊石頭落了地，自然，華西列夫斯基也為之大大地鬆了一口氣。

　　23 日，按「烏蘭」計畫的預定時間，西南方面軍和史達林格勒方面軍的突擊集群，在頓河方面軍右翼的積極支援下，像兩把遊刃有餘的利劍，巧妙而適時地實施了對卡拉奇方向的向心突擊，從而完成了對史達林格勒地域德軍第 6 集團軍和坦克第 4 集團軍的合圍。

　　這是自德蘇戰爭爆發以來德國法西斯軍隊所遭到的第一次大合圍。

　　當晚，華西列夫斯基在自己的指揮所內分別與他調度下的三個方面軍首長通話，討論戰役形勢並擬定了下一步最適當的

行動計畫。隨即，他又把他們的想法和建議直接報告了史達林。

　　很快，最高統帥部就覆電華西列夫斯基，表示同意他們的建議和下一步部署。

　　11 月 24 日晨，各方面軍所屬部隊開始按照既定部署向合圍圈內的敵軍發起攻勢。然而，這次攻勢未達成預期目的，相反在各個方向都遭到了強大敵軍集群的反攻擊。原來，根據最新的敵情分析，蘇軍前線總指揮機關才知道，他們從行進間消滅被合圍敵軍的計畫所依據的對敵兵力的估計出現了嚴重差錯：當初，他們認為敵包路斯指揮的集群只有 8.5 ～ 9 萬人，可是實際卻有 30 萬人。所差之多，令人為之咋舌。之所以造成如此嚴重的誤差，是因為他們沒有把敵第 6 集團軍和坦克第 4 集團軍在進攻和防禦中補充得到的兵力算進去，也未估計到合圍圈內大量的特種部隊和其他輔助部隊，這些部隊的官兵多數補進了作戰部隊。12 月初，經過準備和調整，蘇軍又對該部敵軍組織了一次分割性突擊消滅的作戰，但仍無顯著戰果，德軍對合圍他們的蘇軍仍然不斷進行有力的反擊。

　　了解到這種局面後，史達林非常著急。在 12 月 4 日的電報命令中，他批評了華西列夫斯基在最近的第二次突擊進攻中的錯誤。

　　華西列夫斯基接到最高統帥的電令後，感到很懊悔。他知道，最高統帥所批評的這些全是確實存在的，誰讓他沒有去親

自檢查呢！當然，話說回來，最主要的問題還不在這裡，而是自己的兵力不夠。這也說明，敵軍雖已被圍，但力量還是相當強大的。更何況，困獸之鬥，是會更加兇猛和不遺餘力的。

稍後，更嚴重的情況發生了。據偵察部門偵知，希特勒和德國統帥部為了幫遭到合圍的敵包路斯集團軍和霍特集團軍解圍，恢復他們在史達林格勒地域的原態勢，已在這個戰線的東南地段建立了以德軍前副總參謀長曼斯坦因元帥為首的頓河集團軍群，所有南線的德軍，包括被合圍的上述兩德軍集團，統一由他負責指揮。華西列夫斯基還獲悉，為了實施解圍戰役，曼斯坦因建立起兩個新的突擊集團：一個在科捷利尼科沃地域，另一個在托爾莫辛地域。

華西列夫斯基立即將這一最新戰局變化報告給最高統帥部大本營，並提出從大本營預備隊中抽調實力雄厚的馬利諾夫斯基中將指揮的近衛第 2 集團軍和其他部隊前來支援，撥歸頓河方面軍指揮。隨後，大本營又決定成立由波波夫中將指揮的突擊第 5 集團軍，使之以最快速度在西南方面軍的坦克第 5 集團軍和史達林格勒方面軍的第 51 集團軍之間展開。按命令，該集團軍歸由史達林格勒方面軍指揮。

到 12 月 10 日左右，曼斯坦因麾下的德軍頓河集團軍群已經占領了從維申斯卡亞到馬內奇河的正面。在它現編成的大約 30 個師（不包括在合圍圈內敵第 6 集團軍和坦克第 4 集團軍）

中，有 17 個師橫在了蘇西南方面軍正面；另外 13 個師則與史達林格勒方面軍的突擊第 5 集團軍和第 51 集團軍相對峙。其中僅在蘇軍第 51 集團軍對面就有 10 個師之眾的強大德軍部隊。這樣，兩軍的敵我力量對比是相當懸殊的：德軍 7.6 萬人，坦克 500 輛，火炮和迫擊炮 340 門；蘇軍只有 3.4 萬人，坦克 77 輛，火炮和迫擊炮 147 門。由此可見蘇軍第 51 集團軍處境之艱難。

12 月 13 日，蘇軍最高統帥部大本營終於批准了華西列夫斯基的請求，決定把馬利諾夫斯基的近衛第 2 集團軍由頓河方面軍劃歸史達林格勒方面軍指揮，並決定暫時放棄原來擬議中的「土星」戰役。原先，經華西列夫斯基等建議，西南方面軍和沃羅涅日方面軍一部的突擊進攻方向是徑直向南，直取羅斯托夫地域，目的是廓清合圍圈外的德軍。後因德軍曼斯坦因頓河集團軍群建立，華西列夫斯基又建議改變該戰役，而用這兩部強大蘇軍來抗擊曼斯坦因集群；待西南方面軍和沃羅涅日方面軍消滅頓河中游的義大利集團軍後，揮師東南，向莫羅佐夫斯克和托爾莫辛方向突擊，即前出到敵曼斯坦因集團軍群的後方。同時，史達林還命令說，此後華西列夫斯基的任務便是負責解決敵曼斯坦因的解圍部隊，而消滅合圍圈內德軍包路斯和霍特集團的任務則由新派來的大本營代表、蘇軍炮兵主帥沃羅諾夫負責。在工作中，沃羅諾夫應擔任華西列夫斯基的副手。

12 月 19 日，德軍曼斯坦因集團軍猛攻蘇軍第 51 集團軍和

突擊第 5 集團軍防線，防禦正面被同時撕開了幾道口。戰鬥呈膠著狀態，梅什科瓦河附近的許多居民點曾多次易手，原先白雪覆蓋下的草原大地，兩天後便全部化成焦土一片。

次日，蘇軍馳援的近衛第 2 集團軍趕到，部隊還沒有全部展開，前鋒就投入了大戰與血肉廝殺。敵人的進攻終於被擊退了，草原上布滿了血肉模糊的敵人屍體。近衛第 3 師在瓦西里耶夫卡與敵軍的激烈交戰中，雖然傷亡逾半，但終於守住了陣地。華西列夫斯基事後回憶說：「正是這些日子裡在布滿峽谷的葉爾根地帶的戰鬥，決定了史達林格勒會戰的命運。」

到 12 月 23 日，雖然曼斯坦因集群的另一路前鋒部已經衝到了距被合圍的包路斯集團只有 35 ～ 40 公里的地域，但它卻再也不能前進一步。他們確實時運不濟，或者說是命運乖蹇，蘇第 51 集團軍和突擊第 5 集團軍的迅猛反突擊，蘇空軍第 8 集團軍令人膽寒的空中轟炸，終於為近衛第 2 集團軍的展開贏得了不可缺少的寶貴時間。待到該集團軍全部展開之後，希特勒援救包路斯集團軍的計畫便落空了。因為，此後不久，該集團軍和其他蘇軍部隊便在這裡展開了對曼斯坦因集群的大規模反擊。結果，曼斯坦因連同他的企圖全都失敗了。

1 月 8 日，蘇軍向包路斯集團軍發出了勸降書，答應給戰敗者以體面的待遇，包括供給足夠的口糧，治療傷員，允許軍官保留自己的武器，並保證戰後將他們全部遣送回國。但是，正

所謂困獸猶鬥，包路斯不肯放下武器。也許，他這時還在想著戰役勝利後希特勒許諾給他的高級參謀或德國統帥部長官的軍職呢！

德軍的所有抵抗和掙扎都變成了徒勞，特別在當前這種被困破城而又待援無望的情況下。當蘇軍發起進攻並逐步縮小了合圍圈時，也就是戰鬥到第 14 天之後，包路斯向希特勒和德軍統帥部發出了一紙報告，其中說：「潰敗已經不可避免。我請求立即允許投降，以挽救殘部生命。」但是，他的請求沒被批准。而沒有希特勒的批准，包路斯也好，別的其他軍官也好，誰敢投降呢？

就這樣，包路斯和他麾下的將士們（這時已經不到 10 萬人，蘇軍有 25 萬之眾）便不得不躲在城市各個角落的廢墟和瓦礫之中。冬日漫天的風雪也與他們作對，士兵們有的乾脆放下了武器，他們用凍結的雪塊艱難地積起道道雪牆。儘管如此，他們也被凍得一個個神志麻木地蜷縮在地上。至於吃的，開始還有麵包，但定量是每天每人一片；15 個士兵能分到 1 公斤馬鈴薯。而飲水的唯一來源是融化積雪。羅馬尼亞騎兵師所存不多的馬匹，到頭來竟被他們宰食一空。再到後來，他們不得不在廢墟中捕捉狗貓和烏鴉來填充肚子。

1 月 30 日，包路斯成了蘇軍的俘虜。兩天後，英勇的史達林格勒會戰結束了。

3. 大本營代表

1943 年，元旦剛過，史達林的新命令到了。華西列夫斯基動身去沃羅涅日方面軍司令部。在那裡，他仍以最高統帥部大本營代表的身分，負責準備與實施在頓河上游地區展開的一次新的進攻戰役的計畫。參加這次戰役的，主要是沃羅涅日方面軍、布良斯克方面軍和西南方面軍。組織協調這三個方面軍的協同行動，保障新的進攻戰役勝利完成，則是他的主要工作。

1943 年 2 月 16 日，蘇聯最高蘇維埃主席團發布了授予他「蘇聯元帥」這一最高軍銜的決定。

2 月 19 日，華西列夫斯基突然接到史達林的命令，要他立即趕回莫斯科。當天，華西列夫斯基便風塵僕僕地趕回。見到史達林後，他被告知說，大本營決定立即在莫斯科中央方向發起一次旨在消滅德軍中央集團軍群主力，並把戰線向西大大推進的重大戰役。他的任務是，在這次戰役中負責領導和協調西部方面軍左翼部隊以及布良斯克方面軍、中央方面軍（即由原頓河方面軍改稱而來）、沃羅涅口方面軍的作戰行動。

華西列夫斯基還清楚地記得，在 1 月底 2 月初，史達林曾為此徵求過他的意見，同時也與很多方面軍首長商量過。但那時還只是初步醞釀，想不到這麼快就要實施了。他沒有多說什麼，只是表示服從最高統帥部的安排和調遣。

　　領受這項新使命後，華西列夫斯基又回到了沃羅涅日方面軍司令部的所在地。就在蘇聯紅軍建軍節（2月23日）剛剛過後，德蘇戰場南部戰線的情況發生了出人意料的變化：希特勒法西斯軍隊正以一個新組建的集團軍群向蘇軍發起迅猛的進攻。最先遭到德軍攻擊的部隊正是瓦圖京所部西南方面軍，他們這時剛好發動經最高統帥批准的「躍進」戰役而推進到了第聶伯河附近地域。隨後，由於敵我力量對比十分懸殊，西南方面軍開始了不得已的快速後撤。

　　然而，就像連鎖反應一樣，西南方面軍右翼部隊的迅速後撤為沃羅涅日方面軍的左翼帶來了嚴重的威脅。這樣，先此返回大本營參加西線進攻戰役計畫編制工作的華西列夫斯基又被派回了沃羅涅日方面軍，以應付隨時可能出現的進一步危局。這時，時間恰在3月初。

　　果然，3月7日，德軍開始了第二次大規模進攻。沃羅涅日方面軍左翼部隊經過頑強英勇的抵抗，防線還是被敵軍突破了，最後也不得不向卡爾可夫退卻。至3月15日，由於德軍不斷投入新的兵力和兵器，沃羅涅日方面軍卻得不到有力的援軍支持，它只好放棄了卡爾可夫。到3月18日，他們又丟掉了別爾哥羅德，一直退到了庫斯克南面的奧博揚地域。

　　3月19日，副最高統帥朱可夫也被派到了這裡，他與華西列夫斯基及各方面軍首長經過研究部署，終於在沿北頓內次

河，經戈斯季謝沃－貝科夫卡－德米特里耶夫卡－紅亞魯加－克拉斯諾波利耶一線建立起了牢固的防禦正面。

3 月 22 日，華西列夫斯基奉命回到了大本營。他的任務就是與史達林、朱可夫具體策劃庫斯克會戰的舉措。

從 3 月底到 4 月初，華西列夫斯基帶著初步方案在國防委員會和大本營討論了多次。他整天奔波於國防委員會 —— 大本營 —— 總參謀部之間，詳細地審聽每個參與討論和決策的人的各種意見。在這些意見中，有的同意總參謀部關於組織有計畫防禦的主張，有的則認為應該先敵發起進攻，透過強大的突擊進攻來直接消滅敵人。對所有這些意見，史達林當時只是聽，並未做出明確支持哪一方的表態。

與此同時，華西列夫斯基還用電話與正在沃羅涅日方面軍前線的副最高統帥朱可夫就這一問題做了廣泛的討論。4 月 8 日，朱可夫向最高統帥史達林提交了一份詳細的分析報告。該報告對敵軍近期活動做了有根據的判斷，其中也敘述了他對庫斯克弧形地帶行動計畫的一些設想。

稍後，華西列夫斯基逐個打電話給各方面軍司令部，要求各位高級首長再重新考慮一下敵情和我軍的計畫，並務必在 4 月 12 日前將明確意見報告給總參謀部。對於瓦圖京和羅科索夫斯基，他還親自打電話對他們做了特別交代。未久，各方面軍司令們的報告都送上來了，其中多數都同意總參謀部或朱可夫

的意見。4 月 10 日，華西列夫斯基飛到了朱可夫所在的沃羅涅日方面軍司令部。在這裡，他倆再次詳細地討論了這次行動方案及關於戰役策略預備隊部署的意見。他們還就最高統帥部預備隊的配置問題擬定了一道訓令草案，以便屆時一併呈送最高統帥過目。關於對即將展開的這次大規模作戰行動，他們一致認為必須堅持原先那種「後發制人」的策略。

在整個戰役的準備過程中，華西列夫斯基的絕大多數時間都是在前線各部隊中度過的。5 月中旬，由於史達林的指示，總參謀部又制定了一個名為「庫圖佐夫」的進攻性戰役計畫。它是以整個庫斯克會戰為方向的，其任務是在會戰進入反攻階段前先行出擊，以消滅戰線西端的德軍奧廖爾集團軍，並伺機奪取該城。參加這個戰役的部隊是布良斯克方面軍和中央、西方兩方面軍各一部。隨後，華西列夫斯基就為布置這次戰役去了布良斯克方面軍駐地。在這裡，他視察了各參戰部隊，並與該方面軍司令波波夫一道逐個檢查了各集團軍的前沿防禦情況。

6 月 10 日，華西列夫斯基被召回莫斯科。根據大本營的指示，他最後被派到了沃羅涅日方面軍。其任務是負責協調沃羅涅日和西南兩個方面軍的戰役作戰行動。與此相對應，朱可夫則被委派為負責中央、西方和布良斯克 3 個方面軍的作戰協調工作。整個戰役的協調者是最高統帥史達林。

至此，蘇軍的一切準備工作全部就緒。

7月3日，戰線仍極為平靜。第二天的中午過後，還是沒有任何情況。華西列夫斯基和沃羅涅日方面軍首長處在焦急的等待之中。大家彼此也不多說話，只是都不期然地盯著指揮所裡的幾部電話機：萬一又有什麼新消息呢？突然，16時，前沿防禦陣地傳來報告，大約有4個營的德軍在20輛坦克和100多架飛機的掩護下，衝向我防禦線，估計是前沿火力偵察，但很快就被擊退。據戰鬥中被俘的步兵第168師的一名士兵供認，他們每人分到了一份乾糧和伏特加酒，為的是明日拂曉轉入突擊。

不久，這名俘虜被送到了司令部，華西列夫斯基與瓦圖京又審了一遍，說法依舊。於是，華西列夫斯基立即把這一最新事態報告了史達林和在中央方面軍的朱可夫。當即，總參謀部又把這一情況轉告所有的前線各參戰部隊及梯次配置在縱深的預備隊。

7月5日凌晨2時30分，沃羅涅日方面軍實施了炮火和航空兵的反準備。庫斯克弧形地帶大會戰就這樣展開了。

8月23日，庫斯克會戰全部結束。法西斯德國被殲滅了30個精銳師（其中有7個坦克師），總計兵力50多萬人，坦克1,500多輛，作戰飛機3,500多架，火炮3,000餘門。這些慘重損失，使德軍在整個德蘇戰場上完全轉入了策略防禦。

經過從1943年初到8月底的戰爭考驗，特別是7～8月在庫斯克弧形地帶與敵軍的鬥智鬥勇，華西列夫斯基的自信心大

增。他一開始提出並一再堅持的對 1943 年夏戰計畫的設想，被戰爭的結果證明是正確的。因此，他自豪地寫道：「我們學會了猜測敵人的意圖。我們有鋼鐵的意志和堅毅的性格、自制力和沉著精神。這就使我們足以避免犯錯誤，避免過早地開始戰鬥行動，避免給敵人以可乘之機……總之，我們的統帥藝術顯示出了創造性。」

華西列夫斯基在前線接到了最高統帥部下達的大本營訓令：要求西南方面軍立即向南實施主要突擊，與南方方面軍採取協同動作，意欲一舉消滅敵軍頓巴斯集團，並攻占戈爾洛夫卡和史達林諾（頓涅茨克）。南方方面軍的主要任務是對史達林諾實施突擊，並在那裡和西南方面軍突擊集團會師。華西列夫斯基的任務是負責領導和協調該兩方面軍之間的行動，並將它們的行動計畫上報大本營審批。

8 月 12 日凌晨，華西列夫斯基收到大本營發給他和朱可夫的訓令，內容是他們已經知道的南線各方面軍的作戰任務。訓令要求：沃羅涅日方面軍在截斷敵卡爾可夫集團的退路後，立即在克列緬丘格附近強渡第聶伯河。草原方面軍在攻克卡爾可夫後還應攻占克拉斯諾格勒，繼而在第聶伯羅彼得羅夫斯克以北地域強渡第聶伯河。西南方面軍應迅速向第聶伯河推進，進抵扎波羅熱地區，從而切斷敵頓巴斯集團軍的退路。南方方面軍的主要任務是突破德軍「米烏斯防線」，進而占領第聶伯河下

游廣大地域。

8 月 16 日，西南方面軍右翼突擊集團如期展開了進攻。西南方面軍雖然有些部隊擊破了敵軍防禦，但是最終沒能突破成功。雙方的傷亡都很大，整個戰場上屍體成片。

原來，8 月 12 日，德國統帥部發布了希特勒的第 10 號命令。命令要求他們那些經過庫斯克附近蘇軍打擊、業已精疲力竭而又無心戀戰的部隊，立即在第聶伯河以西地域築起「東方壁壘」線，用以阻擋蘇軍乘勢的追擊作戰。

現在，由於希特勒對他們下了死令，這兩個集團軍便對西南方面軍的進攻展開了頑強的抵抗。德軍「南方」集團軍群不斷地為他們補充新的預備隊和大量的技術兵器。

蘇軍在上述各個地域的受阻遭挫，使史達林極為惱火。這次，又輪到華西列夫斯基「倒楣」。

18 日晚，華西列夫斯基向史達林做例行前線報告時，以自己的名義並代表方面軍首長提出了上述新建議。考慮到部隊的隱蔽調動及部署、彈藥準備等至少需要五六天，他請求允許在 8 月 25 日左右開始在新地段發起突擊。史達林批准了他們的新建議，進攻時間獲准於 8 月 27 日開始。

22 日，在布置好馬利諾夫斯基西南方面軍的突擊準備工作後，華西列夫斯基便馬不停蹄地飛到了科涅夫的草原方面軍司令部。待到這裡之後，他才獲知草原方面軍已經從兩個方向包

圍了卡爾可夫。經與科涅夫研究，他們決定，立即派出快速部隊加速對敵軍的合圍，並最好堵住敵人企圖撤逃的鐵路線。但是，由於敵軍已經事先接到了上級指示，因此在當晚就棄城向西南方向逃跑了。這樣，第二天，草原方面軍東部和北部的部隊勝利地挺進到卡爾可夫。擔負掩護撤逃任務的敵軍一部，全部成了蘇軍的俘虜。

攻下卡爾可夫後，華西列夫斯基與隨後趕來的朱可夫就前線戰局交換了意見，並著重對草原和西南兩方面軍下一步的行動計畫做了指示。是晚，華西列夫斯基又飛回了馬利諾夫斯基的指揮部。

到 8 月 30 日，德軍的「米烏斯防線」已經蕩然無存，全線敗退的敵軍簡直向飛蝗一樣，回撲到了第聶伯河一線。當天，烏克蘭南部重鎮塔甘羅格被收復。到 9 月上旬，華西列夫斯基所統帥的西南和南方兩方面軍，已經攻克了頓巴斯廣大地區。鐵路樞紐巴爾文科沃、鋼鐵工業中心馬里烏波爾以及史達林諾、沃爾諾瓦哈等一批城市，相繼被收復。

9 月 18 日，自春季以來始終置身前線的華西列夫斯基透過電話與最高統帥史達林就下一步戰役發展問題進行了充分的研究和討論。經過反覆討論，他們決定：西南方面軍各部迅速突擊並攻取第聶伯羅彼得羅夫斯克和扎波羅熱，以便在最近強渡第聶伯河，奪取並固守住對岸的登陸場。南方方面軍各部突破

莫洛奇納河並摧毀敵軍的防禦，然後把敵人牢牢封鎖在克里米亞半島，並向第聶伯河下游挺進，在該地段實施強渡計畫。中央方面軍和沃羅涅日方面軍的任務是向基輔方向集中，進而攻下這座被敵軍占領長達兩年之久的烏克蘭首都。草原方面軍則應向波爾塔瓦 —— 克列緬丘格方向集中，奪取該兩據點後直接進抵第聶伯河。

在西南方面軍司令部，華西列夫斯基把他與最高統帥決定的戰事安排告訴了馬利諾夫斯基。隨後，他們來到作戰地圖前，就西南方面軍的下一步行動計畫做了具體的安排。經研究，他們決定，從第 12 集團軍和近衛第 3 集團軍的結合部，調來實力更強而又驍勇善戰的崔可夫近衛第 8 集團軍，它將擔任主攻第聶伯羅彼得羅夫斯克和扎波羅熱的艱巨任務。

第二天，華西列夫斯基與馬利諾夫斯基請來了崔可夫將軍，當面向他下達了上述命令，與他共同研究了集團軍的部署等一系列有關問題。剩下的其他部署，華西列夫斯基交給了馬利諾夫斯基去安排，他將立即動身去托爾布欣那裡。

9 月 22 日，華西列夫斯基飛到了南方方面軍司令部。在這裡，托爾布欣向他介紹了方面軍的部署情況。第二天，他們便直接來到前沿位置上的茨維塔耶夫的突擊第 5 集團軍和扎哈羅夫的近衛第 2 集團軍。

由於希特勒下令死守莫洛奇納河谷這道防禦線。因此，華

西列夫斯基決定，除了上述兩集團軍的 9 個師外，再增派第 44 集團軍的 6 個師、炮兵第 2、第 26 兩個師及近衛 M-31 火箭炮第 13 旅和 8 個火箭炮團。突擊時間定於 9 月 26 日開始。

10 月 2 日，德軍開始全線潰退，堅固的莫洛奇納河防線已經不復存在。與此同時，左翼西南方面軍所屬的近衛第 1 集團軍也已經前出到第聶伯河左岸，第 6 集團軍的 4 個師已經在第聶伯羅彼得羅夫斯克以南地段強行渡過了第聶伯河，隨後，第 12 集團軍也有兩個師沿這裡渡過了大河。

10 月 9 日，經過戰鬥間歇補充後，南方方面軍主力開始了旨在奪取梅利托波爾城的攻堅戰鬥。該城是通往克里米亞半島和第聶伯河下游地區的咽喉要地，因此德軍準備誓死固守。10 月 13 日，梅利托波爾被收復。

在南方方面軍攻打梅利托波爾的同時，西南方面軍主力對第聶伯河下游突出部上的扎波羅熱地域的進攻也開始了。除了擔任主攻的崔可夫的近衛第 8 集團軍外，左右兩翼配合作戰的分別是第 3 和第 12 兩個集團軍。10 月 1 日拂曉，突擊正式開始。但到 11 日，近衛第 8 集團軍及其側翼部隊仍然未完成攻克扎波羅熱的既定任務。為此，華西列夫斯基指示馬利諾夫斯基親自到崔可夫的指揮所坐鎮，研究是否可以利用夜戰來達成進攻的突然性和有效性。後來，經多方研究論證，夜間突擊的方案形成了。

13 日 21 時 50 分，整個德蘇戰爭史上最大規模的夜戰行動 —— 參加的有 3 個集團軍、1 個坦克軍又 1 個機械化軍 —— 開始了。到 14 日，扎波羅熱被奪回。

至此，整個第聶伯河會戰勝利結束。

1943 年 12 月中旬，華西列夫斯基自前方回到了莫斯科，參加研究 1943 年冬季戰役計畫會議。從今年 4 月份開始，他就不得不反覆奔波於前方各個戰場，工作之緊張，任務之繁重，有時簡直超過了他腦力和體能所能承受的最大極限。在前線，他既要經常與最高統帥商討全國戰局的任何新變化及其特點，為之提供策略總體設想甚至包括具體戰役的構思，還要隨時解答最高統帥或總參謀部提出的各種棘手問題；又要直接負責自己所在的南方戰線各方面軍的戰役策劃和軍事行動的協調，甚至深入到各集團軍參與實際部署或戰前戰後檢查，解決每一個具體戰役中不時冒出來的新問題。會上，華西列夫斯基總結了前線各戰場的作戰情況和作戰經驗，分析了整個戰局態勢及其未來發展前景。

會後，史達林特意宴請與會人員。當史達林來到華西列夫斯基和朱可夫的身邊敬酒時，兩人立即站起來。史達林幽默而風趣地說：「兩位勞苦功高，何必大駕起立呢？不像我，整天在辦公室裡清閒打坐，所以才特別需要站起來走動走動呢！」一席話，大家都笑起來。

12 月 21 日，華西列夫斯基離開莫斯科，又回到了烏克蘭第 3 方面軍和烏克蘭第 4 方面軍，即原來的西南方面軍和南方方面軍，以便根據大本營訓令協調它們即將展開的新的進攻行動。

在蘇 1943 冬季作戰計畫的第一階段，正當朱可夫協調瓦圖京和科涅夫兩路大軍勇猛進擊、節節勝利的時候，華西列夫斯基在南端協調馬利諾夫斯基和托爾布欣的烏克蘭第 3、第 4 兩方面軍進攻尼科波爾地域突出部的行動卻連連受阻，進展緩慢。

到 2 月底，進軍第聶伯河右岸烏克蘭地域戰役的第一階段宣告勝利完成。按照最高統帥部大本營的指示，烏克蘭第 1、第 2 和第 3 方面軍繼續向西挺進，在行進中分割德軍「南部」集團軍群和「A」集團軍群，然後將其各個殲滅，並把戰線推到蘇聯國境線附近。烏克蘭第 4 方面軍則留駐克里米亞地峽地域，以徹底孤立和封鎖克里米亞敵軍，並準備實施進攻克里米亞半島戰役。

3 月初，在華西列夫斯基的直接參與下，最高統帥部大本營和總參謀部制定了進攻烏克蘭戰役的第二階段實施方案。

4 月 10 日，也就是攻克敖德薩的那一天，華西列夫斯基榮獲了蘇聯最高蘇維埃主席團頒給他的一枚最高軍事勛章——「勝利勛章」。當時，獲得此項殊榮的只有他和朱可夫。獎詞是：「由於出色地完成最高統帥部賦予的領導大規模戰役的任務，從而在粉碎德國法西斯侵略者的事業中取得了輝煌的勝利。」

在最高蘇維埃主席團尚未發布這項榮譽命令之前，史達林就首先在電話中向華西列夫斯基表示了祝賀，但最高統帥的賀辭叫人聽來總是那麼沉甸甸的。史達林在電話裡對華西列夫斯基說：

「華西列夫斯基元帥，讓我祝賀您榮獲蘇聯最高級別的軍事勳章，我為您的成就感到高興和自豪！但是，也須請您知道，您受到獎勵並不僅是由於頓巴斯和烏克蘭的收復中有您的智慧和汗水，照我看，它還預示著克里米亞的攻克也必須由您來負責。現在我就建議您把注意力轉到這件事上來。同時，也不要忘記與您頗有感情的烏克蘭第 3 方面軍。」

克里米亞半島位於蘇聯歐洲部分的南端，是連接歐洲和中東的重要海上通道，在它的南部海岸，與土耳其遙遙相對，西部則是羅馬尼亞和保加利亞。

4 月 8 日，烏克蘭第 4 方面軍打響了進攻克里米亞半島的第一炮。戰鬥一開始，第 51 集團軍迅速攻占了賈科伊，第 2 集團軍攻破皮里科普防線。

此際，4 月初因急馳敖德薩城下協助烏克蘭第 3 方面軍攻城的華西列夫斯基，奉史達林電令於 4 月 11 日趕回了克里米亞前線。

來到托爾布欣的前線指揮所後，華西列夫斯基先聽了托爾布欣關於部隊進展的詳細報告。因扎哈羅夫指揮的近衛第 2 集

團軍正在遭受敵軍的頑強抵抗，於是，他與托爾布欣商定：立即由坦克第 19 軍和步兵第 279 師、反坦克殲擊炮第 21 旅組成一個快速集群，由坦克戰車搭載步兵同時前進，迅速插入敵軍防禦後方，以盡快攻占辛菲羅波爾。戰鬥至第 3 天，該快速集群就攻克了德軍重兵把守的辛菲羅波爾城。隨後，烏克蘭第 4 方面軍的其他部隊也大踏步跟進，很多城鎮和居民點先後被收復。

這時，半島上的大部分德軍和羅馬尼亞軍隊紛紛向塞瓦斯托波爾撤退，並在這裡重新集結和組織兵力，企圖依託堅固的城防工事負隅頑抗。

的確，塞瓦斯托波爾不愧為一座「堡壘城市」。德國軍隊在這裡已經有了 6 道堅固的鋼筋混凝土塹壕，此外還有密如蛛網的鐵絲網，遍布四周的地雷區及許多令人摸不清具體位置的永備性暗堡發射點。這一切，無疑都為蘇軍的進攻帶來了極大的困難和障礙。

此間，華西列夫斯基和托爾布欣等指揮者曾多次對塞瓦斯托波爾組織過進攻，但都未能成功。

4 月 28 日，華西列夫斯基制定了詳細計畫報告給最高統帥，並確定了實施進攻時間 —— 5 月 5 ～ 7 日。

5 月 10 日，被希特勒法西斯宣傳工具吹噓為固若金湯的「堡壘城市」塞瓦斯托波爾終於又回到了蘇聯人民手中。

這幾天，華西列夫斯基和托爾布欣一步也未離開過巴拉克拉瓦以北的瀕海集團軍指揮所。他們一方面時刻注視著前線各部隊的進攻行動，隨時為他們做戰爭導引和策略指揮；另一方面則不斷把報告上來的戰況向最高統帥部匯報，並隨時等待最高統帥可能發來的新指示。

在塞瓦斯托波爾被攻克的當天，華西列夫斯基決計到那裡去看一看。在麥昔齊耶維山地區，他不幸被一枚殘存的地雷炸傷。護送人員將他送往方面軍司令部，再往後，被飛機送往莫斯科。

在住院醫療期間，華西列夫斯基一刻也未停止對白俄羅斯戰役計畫的思考和運籌。用他自己的話說：「這樣一來（指住院），我就有『機會』再次考察總參謀部正在起草的白俄羅斯戰役計畫的細節。」

其實，當華西列夫斯基還在克里米亞前線緊張地部署攻打塞瓦斯托波爾要塞的進攻時，史達林與朱可夫元帥，安東諾夫副總參謀長等就在莫斯科開始了 1944 年夏季作戰計畫的運籌帷幄。這次戰役的代號叫「巴格拉基昂」。

5 月 20 日，傷癒出院的華西列夫斯基第一次應召到史達林的辦公室，同時參加的還有朱可夫、安東諾夫和什捷緬科。他們這次是在最高範圍內審定「巴格拉基昂」戰役計畫的細節問題。

　　以後兩天，華西列夫斯基和朱可夫幾乎全是在史達林那裡度過的。其中第三天，還召集來了所有擔任主要進攻方向的那4個方面軍司令員，以及蘇軍各兵種領導人和總參謀部的部分人，以便進行更加廣泛深入的研究和討論。經過這次充分的討論，總參謀部又負責對戰役計畫做了進一步的修正和明確，「其目的就是合圍並消滅明斯克地域內敵中央集團軍群的主要力量」。

　　5月30日，最高統帥和大本營最後批准了「巴格拉基昂」戰役計畫，並規定從6月19～20日開始執行。

　　關於這個計畫的特點，華西列夫斯基曾有8個字的精彩概括：「簡單明瞭，大膽宏偉。」

　　就在「巴格拉基昂」戰役計畫被批准的當天，朱可夫去白俄羅斯第1和第2方面軍，而華西列夫斯基則到白俄羅斯第3方面軍和波羅的海沿岸第1方面軍去。

　　5月30日夜間，史達林、朱可夫、華西列夫斯基和安東諾夫4人再次聚到克里姆林宮史達林的辦公室。這是白俄羅斯戰役前蘇軍正副最高統帥和正副總參謀長的最後一次聚會。他們研究並起草了給白俄羅斯各方面軍的各個訓令，關於立即投入準備白俄羅斯戰役的指示和戰役實施第一階段的具體任務。

　　華西列夫斯基和朱可夫倆人以大本營代表身分分別簽署的給巴格拉米揚和切爾尼亞霍夫斯基、羅科索夫斯基和扎哈羅夫

的訓令也發了下去。他們要求這 4 位方面軍司令員在他們到達
部隊之前，先行確定好完成戰役準備和開始進攻的日期。

6 月 4 日，華西列夫斯基由莫斯科出發，到了設在斯摩倫斯
克州紅城附近的森林中的白俄羅斯第 3 方面軍司令部。在這裡，
他聽取了切爾尼亞霍夫斯基關於白俄羅斯第 3 方面軍戰役計畫
及其實施準備工作方面的匯報。

6 月 8 日，華西列夫斯基離開白俄羅斯第 3 方面軍，帶著隨
員到了巴格拉米揚大將的波羅的海沿岸第 1 方面軍司令部。在
這裡，華西列夫斯基先後聽取了方面軍司令、參謀長、各兵種
首長和軍事委員會委員關於戰役準備過程以及戰役的物資情況
等方面的報告和說明。

在此後的幾天中，華西列夫斯基一直在為鐵路工作的緩慢
而發愁。因為，一旦承擔進攻任務的部隊及其所需要的物資
和技術器材不能如期到達指定位置，任何周密的計畫也等於白
費。而且，由於鐵路運輸的拖延，必將會使戰役發起時間推
遲，而這會為高度集中的部隊和大量技術兵器的隱蔽及偽裝帶
來許多意想不到的困難。因此，他曾多次向史達林打電話並遞
報告，要求最高統帥對此給予高度重視。

由於華西列夫斯基的一再催促，終於引起了最高統帥部的
重視。後經史達林親自過問，交通人民委員會才改變了原運輸
計畫，但是，這種修正已經太晚，以致最後不得不把進攻時間

推遲到 6 月 23 日。

每當大戰之前，都是華西列夫斯基最為繁忙的時候。身為蘇軍總參謀長，他要負責領導所有的方面軍和各集團軍。總參謀部和大本營對於考慮其他方向的作戰或下一步的戰役規劃也要徵求他的意見，或乾脆要求他主持這些工作。而身為派赴某一指定位置的大本營代表，他也絲毫不能因上述問題而推卸自己的責任。因此，他常常覺得分身乏術。

6 月 19 日，華西列夫斯基奉史達林的命令，處理列寧格勒方面的問題。直至 6 月 20 日，他才回到前線。

到了 1944 年夏季，隨著蘇軍在整個西部戰線的迅猛推進，特別是白俄羅斯戰役的巨大勝利及其戰役規模的進一步擴大，最終消滅敵「北部」集團軍群力量、占領波羅的海沿岸廣大地區的條件成熟了。

這時，根據最高統帥大本營的命令，華西列夫斯基的工作又增加了協調波羅的海沿岸第 2 方面軍行動的內容。這樣，在整個北部地區作戰的白俄羅斯第 3 方面軍和波羅的海沿岸第 1、第 2 方面軍就全部由他來負責了。

在 7 月 12 日以前，華西列夫斯基不斷地在波羅的海沿岸第 1 和第 2 方面軍之間飛來飛去。身為大本營代表，他更關心的是這兩支部隊在具體部署和未來作戰中的相互協調問題。待巴格拉米揚和葉廖緬科基本完成戰役準備後，華西列夫斯基於 12 日

晚回到了切爾尼亞霍夫斯基的白俄羅斯第 3 方面軍。

這裡正在進行合圍德坦克第 3 集團軍的激烈戰鬥。早些時候，白俄羅斯第 3 方面軍已派出近衛坦克第 5 集團軍和近衛第 11 集團軍從北南兩側繞到了維爾紐斯的後面。

隨著合圍圈內敵軍被消滅，第 31 集團軍攻克了利達。很快，維爾紐斯也被白俄羅斯第 3 方面軍收復。更重要的是，由此，德軍「中央」集團軍群與「北部」集團軍群的陸上連繫終於被切斷，德軍坦克第 3 集團軍被徹底地擋在立陶宛南部地區。

此後，華西列夫斯基與切爾尼亞霍夫斯基決定，白俄羅斯第 3 方面軍主力部隊立即向西挺進，占領整個從考納斯到波羅的海沿岸的直線走廊，最終把攻擊的方向指向德國與立陶宛之間的邊境線，以待下一步從這裡直接進軍東普魯士的德軍「狼穴」所在地。

至 1944 年 7 月底 8 月初，在整個波羅的海沿岸戰場上，蘇軍的前沿戰線已經大大地向前延伸了。按照最高統帥部的訓令，華西列夫斯基的任務再次加重了。他不僅要負責協調白俄羅斯第 3 方面軍和波羅的海沿岸第 1、第 2 方面軍的行動，而且還要指揮它們的戰役作戰。同樣，朱可夫元帥在南部戰線也得到了同樣的指示。

新的使命，讓華西列夫斯基更加感到了自己的任重道遠。他清楚地知道，德國統帥部和前線德軍都不會甘心波羅的海沿

岸戰線上這個「德軍的缺口」的存在，他們肯定會不惜代價地派出部隊來填充這一缺口，以恢復波羅的海沿岸地區與東普魯士之間的陸上連繫。因為這對他們來說是至關重要，甚至是性命攸關的。鑑於此點，華西列夫斯基於 8 月 2 日晚將自己的分析報告給史達林，並再次提出把近衛坦克第 5 集團軍調入波羅的海沿岸第 1 方面軍；他還提出，應把波羅的海沿岸第 2 方面軍所屬的突擊第 4 集團軍也劃入該方面軍建制。史達林表示同意他的分析，也痛快地答應了他的請求。第二天，安東諾夫就告訴他說，大本營和總參謀部已經做出了上述安排。

　　有了必要的這些部隊，華西列夫斯基便命令巴格拉米揚立即在米塔瓦（葉爾加瓦）至夏烏里亞一線嚴加部署波羅的海沿岸第 1 方面軍的前沿和縱深，以便隨時準備擊退德軍的反突擊。此外，為了積極防禦的需求，華西列夫斯基又指示波羅的海沿岸第 2 和第 3 兩方面軍立即對里加實施南北夾擊作戰。

　　果然不出所料，在此間獲得的大量情報表明，敵軍正在沿麥麥列河地域建立強大防禦，那裡已集中了 7 個步兵師，而且還有一個軍隊集團軍集結在里加以南的森林中，看樣子可能是要從北面突擊進攻米塔瓦（葉爾加瓦）。同時，偵察部隊還發現，在夏烏里亞以西地域還有大批敵軍正在集結。據此，華西列夫斯基判斷，敵人可能要從上述兩個方向瓦解蘇軍在里加灣方面的防線。於是，華西列夫斯基與波羅的海沿岸第 1 方面軍

首長經過商量，並向最高統帥部請准，在這兩個重要方向上布置了強大的防禦措施，其中還安排了近衛機械化第 3 軍的反突擊行動。

8 月 16 日，德軍的突擊行動果然開始了。敵軍同時以 6 個坦克師和 1 個摩托化師、兩個坦克旅的強大兵力展開反攻，其中反攻的重點在米塔瓦附近。結果，敵人在夏烏里亞附近的突擊被擊退，而米塔瓦地域的突擊卻大得其手。雖然遇到英勇頑強的激烈抵抗，德軍最後還是堵住了所謂的「缺口」地帶，從而獲得了一條寬約 50 公里、長達 1,000 公里的防禦地帶，在它的南端，則經過日穆季直接可達東普魯士邊界。這是德軍在 8 月下半月在波羅的海沿岸地區取得的最大戰果。

此次作戰，應該說是具有決定意義的，華西列夫斯基對這一點十分清楚。因此在準備實施戰役計畫時，他特別細心，也嚴格要求各方面軍部隊。9 月 11 日，天公不作美，整個波羅的海沿岸地區忽然下起了暴風雪。雖然氣溫還沒有明顯變冷，但雪粒和 8 級以上的大風也帶給人們的行動極大的不便。儘管如此，華西列夫斯基還是堅持在進攻前逐個檢查了一遍方面軍和集團軍各部隊。直到 13 日下午，他才風塵僕僕地從波羅的海沿岸第 3 方面軍趕回他設在第 1 方面軍的指揮所。

14 日晨，整個波羅的海沿岸的 3 個方面軍在暴風雪的呼嘯裡同時對德軍發起了進攻。17 日，列寧格勒方面軍也轉入

了進攻。一開始，德軍沒有想到蘇軍會在這種氣候條件下實施突擊。當猛烈的炮火傾瀉過來以及隨後的坦克群衝到防禦前沿時，德軍次要方向的陣地立時大亂，傷亡損失十分嚴重。但隨後在第二天或第三天，就出現了有組織的抵抗。經過一週多的殘酷戰鬥，蘇軍才推進了 80 公里，有些地段也就是 60 公里左右。

　　然而，在里加主要方向上，敵軍在當天下午就穩住了戰線。從第二天開始，德軍曾數次組織反突擊行動，戰鬥極為激烈。17 日上午，敵軍以兩個坦克師和一個摩托化師的強大兵力，向波羅的海沿岸第 1 方面軍所屬的近衛第 6 集團軍正面實施了猛烈的反突擊。近 200 輛坦克和自行火炮向該集團軍的兩個步兵師結合部猛衝。由於反坦克武器的缺少和後援坦克部隊沒有到達，該部敵軍曾一度突破蘇軍防線達 4 ～ 5 公里。到了晚上，華西列夫斯基派去的坦克第 1 和第 19 軍趕到才制止住了敵人的前進。第二天，當敵人再度發起進攻時，近衛坦克第 5 集團軍也朝向了這個方向。這樣，敵人的反突擊被擊敗了。然而此後，德軍憑藉深溝塹壕和堅固的築壘配系，仍在拚死抵抗，致使蘇軍在這一主要方向上只能一口一口地咬著敵人的防禦緩慢地向前推進。

　　恰在這時，大本營給華西列夫斯基和巴格拉米揚送來了敵軍的最新情報。稍後，方面軍偵察部隊也印證了這一情報的準

確性。這些情報說，在克萊佩達州的德國坦克第 3 集團軍地段
上，敵人的兵力總數不超過 8 個師，其餘的都被派往米塔瓦（葉
爾加瓦）附近去營救那裡的「北部」集團軍群去了。而且，種種
跡象表明，敵軍力圖用一切辦法保住其「北部」集團軍群與東普
魯士的連繫通道，以便在必要時將其部隊全部撤離波羅的海沿
岸地區。

　　「說什麼也不能讓這部分敵軍跑了。否則，這曠日持久的波
羅的海沿岸地區的作戰豈不要功敗垂成？」這是當時華西列夫
斯基冒出來的第一個念頭。他與巴格拉米揚反覆分析，權衡輕
重，最後一致認定：寧可暫時放下里加附近的戰役計畫，也要
先在南部海岸的麥麥爾首先堵住德軍「北部」集團軍群的退路。
這樣，還正可以利用該地區敵坦克第 3 集團軍的暫時弱勢。

　　9 月 22 日，華西列夫斯基立即把這一想法用電話告訴了史
達林，並要求大本營給他一定的戰役準備時間。沒想到，史達
林聽了立即很高興地表示贊同。

　　9 月 24 日，最高統帥部正式訓令到達，要求把進行這一戰
役的任務全部交給波羅的海沿岸第 1 方面軍。幾天後，史達林
又打電話給華西列夫斯基和巴格拉米揚說，經他再三考慮，這
一任務應以波羅的海沿岸第 1 和第 2 兩個方面軍來協力完成。
此外，白俄羅斯第 3 方面軍的第 39 集團軍也應加入，它的任務
是沿尼曼河進攻，以協助波羅的海沿岸第 1 方面軍的行動。電

話中，史達林還批准了華西列夫斯基和巴格拉米揚提出的於 10
月 5 日發起戰役的日期。

　　10 月 1 日，華西列夫斯基又收到大本營訓令，讓他只負責
和協調波羅的海沿岸第 1 方面軍和白俄羅斯第 3 方面軍的行動。
10 月 5 日，麥麥爾戰役打響了。

　　就在這段時間裡，華西列夫斯基再次在行車途中受到了意
外的傷害。然而，這次不是碰到了地雷，而是一個冒失鬼司機
迎面撞上。

　　那天，華西列夫斯基清晨從葉廖緬科的司令部到巴格拉米
揚的指揮所去。當他的車子正常地在路面上奔馳時，突然前
面飛馳過來一輛越野吉普車。駕車的是一個年輕的軍官，不知
怎麼回事，只見這輛車子直直地朝華西列夫斯基的小車迎面衝
來，司機根本來不及拐彎或剎車。結果，華西列夫斯基被甩出
了車外。

　　原來，這名肇事的年輕上尉是一個前線的偵察連長。那天
夜裡，他剛剛出色地完成了一次責任重大的任務。他是要急著
趕回部隊去向上級首長報告。

　　華西列夫斯基原諒了他，並要求有關部門不能處分他。不
多久，這名上尉光榮地獲得了「蘇聯英雄」的稱號。

4. 擔任方面軍司令

在整個德蘇戰爭期間，東普魯士對法西斯德國有著極為重要的經濟、政治和策略意義。

它是牢靠地掩護從波蘭北部和立陶宛進入德國並由此通向德國中心地區的要衝。因此，在普魯士境內和與它毗鄰的波蘭北部地區，法西斯在舊有的地堡基礎上又構築了一系列現代化的工事。

早在 1944 年 11 月間，蘇軍最高統帥部和總參謀部就開始醞釀東普魯士戰役計畫，並曾試圖以白俄羅斯第 3 方面軍先行突入東普魯士境內。為此，華西列夫斯基被史達林由波羅的海沿岸地區前線召回了莫斯科。但這次行動沒有能夠成功。後來，大本營只好另行重新策劃，華西列夫斯基因戰事緊急沒有再回莫斯科，只是徵求了他的意見。當時，大本營和總參謀部考慮到，只有及早地粉碎這裡的敵軍集團，才能空出白俄羅斯第 2 方面軍去增援白俄羅斯第 1 方面軍正在準備中的柏林方向作戰，而且，這也是出於消除該部敵軍集團可能對柏林方向作戰的蘇軍實施側翼突擊威脅的需求。

因此，在華西列夫斯基還沒有完全脫離波羅的海沿岸地區的前線事務時，東普魯士戰役便於 1945 年 1 月 13 日開始了它第一階段的作戰。在這一階段中，華西列夫斯基的主要精力仍

舊放在波羅的海沿岸地區圍殲敵「庫爾蘭圈」的作戰上。到 2 月初，由於史達林和安東諾夫要去克里米亞半島參加雅爾達會議，根據最高統帥部的命令，他被召回莫斯科以履行總參謀長和副國防人民委員的職責，即代行大本營統籌全局，領導各個方向戰場上對德軍的進攻。此後，波羅的海沿岸地區的蘇軍行動轉入防禦，具體協調工作轉給了當時的列寧格勒方面軍司令戈沃羅夫上將負責。

2 月 6 日起，華西列夫斯基開始了東普魯士戰役第二階段的實際部署工作。

2 月 10 日，東普魯士戰役第二階段作戰開始。

此間，東普魯士的敵軍各集團已接到德國統帥部的命令，必須拼全力固守其現有防禦地域，似便盡可能長久地把蘇軍牽制在這一地區，不使其轉到柏林方向參加作戰。此外，德國統帥還答應在柯尼斯堡、皮拉烏海軍基地及海爾斯貝格地域補充預備隊。

鑑於此種嚴重情況，剛剛從克里米亞返回莫斯科的史達林派華西列夫斯基去前線之前，他便直接向史達林提出了解除自己蘇軍參謀長職務的請求。

史達林最後說：「讓我再考慮一下吧，這也需要徵求政治局和其他有關高層的意見。」隨後，他指示安東諾夫為華西列夫斯基起草了一份訓令，即派他去領導白俄羅斯第 3 方面軍和波羅

的海沿岸第 1 方面軍作戰行動的命令。見他收好了訓令，史達林又問道：

「您什麼時候赴前線呢？」

「明天吧！」

「噢，照我看，您不必這麼急。我建議您在家待兩天，也去看看戲，休息休息。對了，在您離開前，也就是 19 日晚上，請再到我這裡來一趟。」

「好，我將按您的建議去做。」說完，華西列夫斯基走了。在他的印象中，這是史達林第一次沒有急急地催他奔赴前線。

然而，到了第二天，情況又發生了變化。當他真的來到莫斯科大劇院看戲時，正在演出過程中，他的副官說最高統帥要他立即去聽電話。在電話中，史達林告訴了他一個不幸的消息：白俄羅斯第 3 方面軍司令切爾尼亞霍夫斯基大將在梅爾扎克城地區因負重傷而犧牲了。聽到這個噩耗，華西列夫斯基感到非常震驚。

在電話中，史達林還說，大本營準備派他去擔任白俄羅斯第 3 方面軍司令，問他有什麼意見。華西列夫斯基當即表示願意服從大本營的新安排。

2 月 19 日，華西列夫斯基成為最高統帥部大本營成員。

20 日，華西列夫斯基來到了白俄羅斯第 3 方面軍司令部。第二天，他便開始著手進行該方面軍的全部領導工作。好在他

與方面軍軍事委員及集團軍一級的首長們早就十分熟悉。很快，他們便建立起良好的新型合作關係。

1945 年 2 月 24 日，波羅的海第 1 方面軍劃歸白俄羅斯第 3 方面軍領導。這樣一來，白俄羅斯第 3 方面軍兵力十分強大，但是，它的突擊力量是有限的。鑑此，華西列夫斯基認為，只有先暫時停止對敵澤姆蘭德集團的 11 個師的主動戰鬥，而把主力用在消滅更大的敵 19 個師組成的海爾斯貝格集團上面。除此之外，方面軍沒有任何其他良策可行。經最高統帥部同意，粉碎敵海爾斯貝格集團的戰役準備必須在 20 天之內完成。

3 月 15 日，分割聚殲敵海爾斯貝格集團的作戰行動開始了。

一直在企圖向南行動以突擊向柏林方向前進的蘇軍側翼的敵海爾斯貝格集團終於被徹底就地解決。

在消滅敵海爾斯貝格集團的同時，華西列夫斯基便指示巴格拉米揚展開了強攻柯尼斯堡敵軍的準備工作。

3 月 17 日夜間，華西列夫斯基專門為戰役開始時間問題與史達林通了話。原來大本營規定他們攻城時間不遲於 3 月 28 日，但那時南面的敵海爾斯貝格集團才剛剛被消滅，部隊部署根本來不及。因此，他建議改為 4 月初，至遲不超過 4 月 8 日。後來，史達林同意了，並答應派新任空軍主帥諾維科夫空軍上將前去充當他的助手。

4 月 2 日，蘇軍炮兵和航空兵的強大火力開始了。整個 4 天

之內，「無論是白天還是黑夜，它們都沒有過瞬息的停止，當時很難想像世界上還有『安靜』二字的存在」。城內的許多堅固建築全被夷為廢墟，各主要雷區也被炮擊引爆了。

4 月 6 日，經過 4 晝夜的毀滅性炮火轟炸，攻城部隊的坦克和步兵向敵人發起了攻擊。在攻擊推進的過程中，方面軍本身的徐進彈幕射擊也提供了突擊集群有力的掩護。攻擊開始以後，華西列夫斯基再也坐不住了，他離開了自己的指揮所，不間斷地到第 39、第 43 和近衛第 11 集團軍的指揮所去巡視和實地觀察。當他發現第 39 集團軍由北向南的突擊不夠有力時，立即調來了第 5 集團軍到西北方向。很快，兩支部隊便切斷了柯尼斯堡和澤姆蘭德半島的敵軍的有效連繫。隨後，第 50 集團軍封鎖了從東面入城的道路，近衛第 11 集團軍從城南方向的突擊取得了相當的進展，第 43 集團軍也從西北方向突入城郊地區。第一天下來，敵人的指揮系統被打亂，但各堡壘和永備地下發射點內的敵軍守備隊仍在拚死抵抗。

7 日是攻城戰鬥的決定性一天。僅在這一天中，方面軍就出動了作戰飛機 4,700 架次，向敵軍陣地和堡壘投擲炸彈多達 1,500 多噸。晚上又出動轟炸機 1,800 架次，敵人的鋼筋混凝土工事被炸塌了無數個缺口。但即使這樣，奉命不得撤退半步的敵軍仍沒有放棄垂死前的掙扎。最先從西面和南面突擊要塞內層的蘇軍第 43 集團軍和近衛第 11 集團軍部分部隊，與敵軍展開了空前的肉搏。晚上，城內的合圍圈終於在城區的西面合攏

了。到第三天上午，要塞內已有 300 多道街區為蘇軍所占領。

4 月 8 日，為了避免更多的無謂犧牲，華西列夫斯基以方面軍司令的身分向柯尼斯堡守敵發出了勸降最後通牒。然而，守敵仍然決心抵抗到底。這樣一來，更加激烈的街區戰鬥在全城四面八方展開了。

由於蘇軍傷亡嚴重，華西列夫斯基決定，暫時放棄爭奪所有市區的敵人築壘，各步兵團隊撤到指定街壘位置，以便明天實施加強轟擊炮火與地毯式飛機轟炸。9 日清晨，5,000 門各種口徑的大炮，1,500 架轟炸機幾乎同時對有限的敵軍固守區域進行了毀滅性打擊！不到一個小時，敵軍的堡壘和建築物內便掛出越來越多投降的白旗，待到轟擊停止後，德軍成隊成隊地從築壘工事裡走了出來。到當天夜間，城市所有的敵人全部被肅清。被俘敵軍總數高達 9.2 萬人，其中軍官和將軍 1,800 人。4 月 10 日清晨，華西列夫斯基接到了史達林在克里姆林宮打給他的祝捷電話。在電話裡，最高統帥高興地告訴他，他已被蘇聯最高蘇維埃主席團授予「蘇聯英雄」的稱號，同時，還準備為他頒發第二枚「勝利」勳章。史達林說：「我祝賀您！華西列夫斯基元帥。希望您取得更大的成就！這就是全殲東普魯士境內的法西斯匪幫。」

華西列夫斯基十分激動，他對黨和國家給予的巨大榮譽表示感謝。最後，他說道：「請放心。我將迅速執行您的指示，全

殲澤姆蘭德半島上的殘餘敵軍！」

確實，華西列夫斯基值得驕傲和自豪。要知道，在整個衛國戰爭期間，榮獲過兩枚蘇軍最高軍事勛章 ——「勝利勛章」的只有 3 個人，即除了他本人外，再就是史達林和朱可夫。

柯尼斯堡被攻克後，在整個東普魯士就只剩下了敵軍澤姆蘭德集團。它在這時還有 8 個師的兵力，其中只有 1 個坦克師。而且，它已絕對地處在強大蘇軍的包圍之中。海路上有波羅的海艦隊的嚴密封鎖；陸路則被白俄羅斯第 3 方面軍圍得如鐵桶一般；即使在空中也有終日不斷的蘇軍航空作戰飛機在他們頭上盤旋巡視。

鑑於敵澤姆蘭德集團已經插翅難逃，4 月 11 日，華西列夫斯基向他們發布了勸降通牒。然而，華西列夫斯基的這個要求沒有在規定的時間內得到回答。

4 月 13 日凌晨，華西列夫斯基命令預定的突擊集團以雙倍敵人的兵力發起了迅雷不及掩耳的強大攻勢。

按預先計畫，突擊地點選擇在澤姆蘭德半島中部的費什豪森方向，目的是分割敵軍集團，然後加以各個殲滅。擔負主攻任務並從北向南並肩作戰的是近衛第 2、第 11 集團軍，第 5、第 39，第 43 集團軍。

4 月 17 日傍晚，澤姆蘭德半島上的德軍徹底肅清了。

4 月 25 日，在波羅的海艦隊的積極配合下，華西列夫斯基

指揮白俄羅斯第 3 方面軍攻克了皮拉島。這是德軍在澤姆蘭德半島上的最大港口，也是它在這裡的最後一個要塞和據點。

至此，整個東普魯士戰役以蘇軍的最後全面勝利而告終。由此，希特勒法西斯德國在東方的最大反動堡壘徹底陷落了。

對華西列夫斯基來說，這次戰役的前半段是費盡心思又吃了不少辛苦的，只是在後半段才最終出現了勢如破竹、前所未有的甘甜。

1945 年 4 月 27 日，也就是當東普魯士戰役勝利結束後的第二天，華西列夫斯基就奉最高統帥部命令離開了白俄羅斯第 3 方面軍。他知道，這次調離後等待他的將是更重大的使命，即由西線轉赴東線，奔赴遠東領導和指揮最高統帥擬議之中的未來對日作戰。

5. 指揮遠東戰役

部署在滿洲東部邊境的是濱海集群（後改稱遠東第 1 方面軍），司令為梅列茨科夫元帥，軍事委員會委員是什特科夫上將，參謀長是克魯季科夫中將。

此外，參加遠東蘇軍對日作戰的還有尤馬舍夫海軍上將指揮的太平洋艦隊和安東諾夫海軍少將指揮的阿穆爾河區艦隊（亦稱小太平洋艦隊）。這兩支艦隊也受華西列夫斯基的蘇聯遠東軍

總指揮部節制和指揮。

　　1945 年 7 月 30 日，華西列夫斯基被任命為遠東軍總司令一職。實際上，從 4 月底到 8 月初，華西列夫斯基一直是以遠東軍總司令的身分在領導對日作戰的一切準備工作。但多數人並不知道此事，只是知道有一個「瓦西里耶夫上將作戰組」、因為，在此間的一切公開場合，華西列夫斯基都是以副國防人民委員，大本營成員兼白俄羅斯第 3 方面軍司令的身分出現的。包括 6 月 24 日的大型勝利閱兵活動，華西列夫斯基也是以後面的職務領頭出現在白俄羅斯第 3 方面軍的千人混成方陣前面的。

　　根據日本關東軍的實際兵力及其部署狀況，華西列夫斯基和總參謀部分析了敵人的弱點和優勢，並以此為基礎結合當時遠東蘇軍的實際情況，展開了制定對日作戰計畫的全面工作。其中主要一點是，經過請示最高統帥史達林同意，根據遠東新的敵我對比變化，他們提出了改防禦為進攻的策略。華西列夫斯基認為，現在對日作戰已經完全不同於當年在厙斯克弧形地帶的對德作戰。現在，可以肯定地說，在德國投降後日軍根本不敢再進攻蘇聯了，所以必須堅決地實施突擊進攻才能最後消滅關東軍。

　　華西列夫斯基認為，日本關東軍的部署及其策略意圖顯然是守勢，它在兵力配置和部署方面的最大弱點在於缺乏可靠的後方。

關於日軍的長處，華西列夫斯基認為，在濱海地區對面蘇軍可以實施進攻的各個方向上，已經全被關東軍的築壘防禦和大量兵力所封鎖。

經過對關東軍的情況仔細研究之後，華西列夫斯基和總參謀部便初步確定了透過數路突擊來分割敵軍的總策略意圖。這樣做的優點在於，一是可以從敵人防禦的薄弱地域利用快速兵團突擊，從而一舉插入敵後；二是在敵防禦堅固地區的突擊可以牽制住敵軍的有效機動，在行進中消滅敵人的主要力量。

7 月 5 日，華西列夫斯基飛到赤塔。這裡是馬利諾夫斯基的後貝加爾方面軍司令部所在地。他的遠東軍總指揮部先期駐地就在距此西南方向 25 公里遠的地方。後來，他的指揮部轉移到了梅列茨科夫的遠東第 1 方面軍司令部那裡。

8 月 8 日，置身於遠東前線的遠東蘇軍總司令華西列夫斯基打電話到克里姆林宮。他向史達林建議，應該把原來擬定的 8 月 9 日凌晨 3 時的進攻時間提前到 0 時 10 分，以增強進攻的突然性。史達林同意了。

1945 年 8 月 14 日，日本透過瑞士向各盟國發出了同意無條件投降的電報。同時，裕仁天皇在祕密錄音室裡錄製了投降詔令的錄音磁帶，以備明晨向全世界播出。

然而，受到陸相阿南支持的以煙中少校為首的一批最狂熱的軍國主義分子，直到這最後的時刻仍然拒絕無條件投降。是

日深夜，他們以 1 個警備師的兵力發動了占領皇宮的叛亂。他們企圖搜出天皇的投降詔令錄音帶和聯席會議紀錄，結果，他們沒有找到要找的東西。他們隨後又向主和派官員大開殺戒，鈴木首相和平沼議長是他們的首選目標。可是，趕到兩家後，首相和議長都事先躲起來了。於是，叛亂者憤怒地燒掉了他們的住宅。到 15 日清晨，叛亂被田中中將為首的東部軍區部隊平息。叛亂主要首領（火田）中、幸賀、大煙等被命令切腹自殺。隨後，阿南陸相也被迫切腹自殺謝罪。

8 月 14 日深夜，在得到了莫洛托夫關於收到日本政府決定全部接受波茨坦公告條件的報告後，史達林立即打電話通知了總參謀部的安東諾夫和遠東前線的華西列夫斯基。他特別提醒華西列夫斯基說：「請注意明日以後日軍在戰場上的行動。如果對方放下武器投降，蘇軍必須以人道主義待之；如果日軍仍繼續頑抗，則堅決徹底地消滅之。」

得此消息，華西列夫斯基高興異常。在他看來，狂妄的日本軍國主義終於放棄抵抗了，這也許是它比西方戰爭狂徒希特勒明智的地方所在。但是，他也同時感到，中國東北戰場上實力尚未完全消耗的日本關東軍，是不會立即放下武器投降就俘的。也就是說，今後的任務將更加複雜化了。

果然不出所料，所有各個作戰方向上的日軍在 15 日這一天都沒有停止戰鬥的任何表示，有些地段上的戰鬥仍舊十分激烈。

當天晚上，華西列夫斯基將這一情況如實地報告了史達林和大本營。總參謀部也向史達林報告說，並未發現有日本軍下達停戰令給關東軍和其他各作戰部隊。對此，似乎也在史達林的預料之中。他顯得非常鎮靜，處理起來也極為輕易。他指示安東諾夫說，應該立即在報紙上對戰場的實際情形加以說明，同時命令各作戰部隊，在敵人尚未在實際上無條件投降以前仍應繼續採取積極行動。

在隨後的幾天裡，華西列夫斯基下達命令給馬利諾夫斯基、梅列茨科夫、普爾卡耶夫，要求其所屬各前線部隊繼續按計畫發展進攻，堅決消滅一切尚在頑抗中的敵軍。

於是，到 19 日日終時，整個方面軍已經前出到了赤峰、奉天、開通、長春和齊齊哈爾一線，其所占領地域已經接近 60 多萬平方公里。

至此，日軍不惜一切代價阻止蘇軍進入中滿平原和北朝鮮的企圖破滅了。

遠東第 2 方面軍所屬各部，在這幾天內占領了北滿策略重鎮佳木斯，沿松花江邊流而上直取哈爾濱的進攻也態勢良好。此外，太平洋艦隊已牢牢地封鎖住了朝鮮北部沿岸。

到 8 月 17 日，山田司令官終於意識到繼續抵抗已經毫無意義，乃於 15 時透過關東軍司令部的廣播電臺向華西列夫斯基提出了進行停戰談判的請求。這時，距他接到日本大本營停戰令

已經過去了近 23 個小時。日本關東軍司令部在廣播中說:「為了盡快實現停止軍事行動的命令,我們關東軍首長今晨頒布命令,以便我方代表乘坐的飛機能在 8 月 17 日 10 ～ 14 時(東京時間)之間飛往牡丹江、密山、穆棱,和蘇聯紅軍當局接觸。關東軍司令部希望這一措施不致引起任何誤會。」

兩個小時後,華西列夫斯基又收到了山田本人親自簽署的無線電報,說他已命令所屬部隊立即停止軍事行動,向蘇軍交出武器。又兩個小時,即 19 時,日軍飛機在遠東第 1 方面軍駐地地段上投下了 2 個通信筒。筒內裝有日軍第 1 方面軍司令部關於停止軍事行動的要求。

然而,在整個遠東蘇軍的其他大多數作戰地段上,日軍仍在做著頑強的反抗。鑑於此,華西列夫斯基當即發電報給山田司令官,命令其在 8 月 20 日 12 時起在全線停止對蘇軍的任何戰鬥行動,並繳械投降。

同時,華西列夫斯基下達命令給梅列茨科夫,要求他派出代表到牡丹江和穆棱兩地的機場,授權他們通知關東軍司令部的代表,明確告知對方,只有當日軍開始投降繳械時,蘇軍的軍事行動才能停止。

應該指出的是,華西列夫斯基所採取的這種拖延受降(用蘇聯政府和他本人的話說是停止軍事行動)期限的做法,在一方面,確實有他向山田等日軍方面所名正言順地解釋的部分,

即很多地段上的日軍並沒有停止抵抗，山田也沒明說要繳械投降，另外擔心關東軍司令部的命令不能按時送達各部隊等等。一般地說，這些是基本可以成立的。但是，在另一方面，這裡也有蘇聯政府和華西列夫斯基的另外打算，這就是，趁日軍混亂之際更多地占領原日軍所盤踞的地區，其中尤其是中國東北各大中心城市與各鐵路沿線，包括整個中東鐵路全線 —— 長春到旅順口這一線正是蘇聯的未來利益所在。這樣，即可以對英美等盟國誇口自己全部消滅了關東軍部隊，又可以向蔣介石國民政府說是他們幫助收復了東北全境，以在中蘇互助同盟條約的雙方談判時增加自己的籌碼。此外，他們還可以更多地從這些地區最大限度地掠取財富 —— 名義上是對日作戰的「戰利品」。

18 日晨 3 時許，山田再次致電華西列夫斯基，答覆蘇軍說，日本關東軍將立即向蘇聯遠東軍履行一切投降條件。山田還說，關東軍司令部已經在答覆總司令閣下的同時向所屬各部隊下達了相應的命令。

當天上午，華西列夫斯基就開始接到有關前線蘇軍指揮部的報告。報告說，從上午 8 時起，很多前一天還在激烈抵抗的日軍師團，紛紛派來代表商談受降事宜。鑑此，華西列夫斯基深感形勢逼人，必須採取非常措施來組織和實施這樣空前巨大的突擊占領和受降活動。為此，他立即向各方面軍首長下達了

用快速支隊占領長春、奉天、吉林、哈爾濱等大城市的命令。

後來，他又向各方面軍首長提出，對重要的軍事目標和工業目標的占領，還必須立即組織精幹的傘兵分隊，以它們為先導而迅速執行快速支隊的先期任務。

遠東時間 19 日 15 時 30 分，在梅列茨科夫元帥的陪同下，蘇聯遠東軍總司令華西列夫斯基與秦彥三郎和宮川舉行了關於日軍在整個滿洲和朝鮮地區無條件投降事宜的談判。

華西列夫斯基向秦彥提出了投降程序的要求，指定了受降的集合點、行動路線和具體時間。秦彥立即表示接受蘇軍的安排。他還向華西列夫斯基解釋說，某些日軍部隊之所以未及時執行繳械命令，是由於關東軍當局沒能把投降令傳達下去。因為關東軍司令部在蘇軍發起進攻的第二天，就已經失去了對某些部隊的指揮。華西列夫斯基還警告他說，所有日軍的投降必須有組織地進行，包括軍官在內一併轉交蘇軍，不得有任何差池之處。

在整個談判過程中，秦彥三郎俯首帖耳，唯唯諾諾。對華西列夫斯基的每項要求，總是連連點頭稱是，甚至不惜卑躬屈膝。

至 8 月底，以消滅日本關東軍力量、攻克中國東北地區和朝鮮為目的的空前戰爭規模的遠東戰役，勝利地結束了。

不僅日本關東軍徹底敗亡了，整個日本軍國主義的戰爭機

器也被全部打碎了。

　　華西列夫斯基和所有參加這次遠東作戰的蘇軍全體將士一樣，每人都獲得了一枚「戰勝日本」獎章。此外，他再次被授予「蘇聯英雄」的光榮稱號。

麥克阿瑟

1. 初出茅廬

　　西元 1880 年，道格拉斯‧麥克阿瑟出生在一個軍人家庭。他從 5 歲起就開始接受軍事方面的薰陶，父親的軍人生涯對他產生了潛移默化的深刻影響。13 歲時小麥克阿瑟就進了西德克薩斯軍校，4 年後他以優異成績畢業。

　　1899 年夏天，19 歲的麥克阿瑟沒有辜負父親的期望，進入了美國著名的西點軍校學習。

　　在西點軍校，麥克阿瑟非常用功，訓練也十分刻苦，並樂於接受教官交給的各項任務，有超過別人的強烈欲望。

　　在 100 名左右的同年級學生中，麥克阿瑟的學習成績有 3 年名列首位，包括畢業那一年。因此在第 4 學年，麥克阿瑟獲得了學員團的最高軍階 —— 第一上尉。當時在西點軍校百年歷史上，以年級第一名的成績畢業的第一上尉除了麥克阿瑟外，其他僅有 3 人。

　　1903 年麥克阿瑟從西點軍校畢業後，先到菲律賓服役一年，這似乎預示著他將與父親一樣和菲律賓結下不解之緣。回國後不久麥克阿瑟與父親一起，被西奧多‧羅斯福總統指派為日俄戰爭的軍事觀察員。

　　完成觀察任務後，父子兩人又到東亞和南亞各地蒐集情報。這一經歷使麥克阿瑟眼界大開，他意識到富饒的東亞和南

亞以後將是美國向外擴張的重要目標，因為「這裡居住著世界人口的一半，維持以後各代人生存的原料和半成品的一半也在這裡。」「美國的未來乃至美國究竟能否生存，都不得不與亞洲及其外圍島嶼連繫在一起。」回國之後，麥克阿瑟成了羅斯福總統的軍事副官。

2. 一戰英雄

1917 年，在第一次世界大戰中，當美國總統威爾遜決定派國民警衛隊參戰時，麥克阿瑟是陸軍部長貝克的參謀。

當時面臨的一個問題是，如果派遣由一個州的人組成的師去參戰，這個州會抱怨把全部來自本州的男子派去送死，其他州也會因未能被選上而嫉妒。因此貝克希望有一個盡可能由來自各州的人編成的師，麥克阿瑟稱這個師「像一條彩虹」。

後來第 42 師（彩虹師）編成後，麥克阿瑟成了該師的上校參謀長，於 1917 年 10 月 29 日到達法國參戰。

麥克阿瑟到了前線後經常深入第一線，與士兵並肩作戰。他喜歡脫下上校制服，穿上士兵軍裝，手執一支上了刺刀的步槍，率領士兵們出擊。

他的這種行為使一些上司感到不滿，統帥部為此還派人去調查，得到的是對麥克阿瑟的一片讚揚聲。著名將領潘興得知

調查一事後大聲嚷道：「停止這一切胡說八道！麥克阿瑟是我們部隊中最偉大的指揮者！」

1918 年 8 月 6 日，麥克阿瑟由師參謀長調任第 84 步兵旅旅長。在這期間，他親自率領部下，巧妙地調動兵力，於 1918 年 10 月的 14、15 和 16 日三天內，連續奪取法國的 282 號、42 號高地和迪查第龍高地。3 個月後他又因戰功卓著而晉升為第 42 師準將師長。

在南方前線的一個夜晚，當他獨自出外散步時，突然聽到了德軍車輛的轟鳴聲，他立該警覺到敵人正在撤退。於是他當即決定趁敵人尚未重建防線之前給他們以沉重打擊，並立即把部隊集合起來，命令戰士們勇敢前進。結果這次夜間行動獲得了巨大成功。

第一次世界大戰結束時，麥克阿瑟由於「戰績卓越，服務優異」而獲得了一系列的勳章。其中有 1 枚服務優異勳章、2 枚服務優異十字勳章、7 枚銀星勳章、2 枚紫心勳章和數枚法國的勳章。

3. 積極備戰

麥克阿瑟回國後被威爾遜總統任命為西點軍校校長，這是該校有史以來最年輕的一位校長。

在 3 年的校長任職期間，他使西點軍校產生了迅速的發展變化，改革了陳舊過時的課程，開始了現代化的軍事教育。麥克阿瑟因而被稱為「西點軍校之父」。

1922 年，麥克阿瑟與富有的寡婦路易絲結了婚。婚後不久麥克阿瑟就被派到菲律賓去工作了 3 年，1925 年他被晉升為少將。

1928 年他再次被派到馬尼拉，任美軍駐菲律賓部隊司令。在這期間他與菲律賓議長奎松成了好朋友，也和美國駐菲律賓總督史汀生建立了密切關係。這對麥克阿瑟今後的發展有重要影響。

1929 年厭倦軍旅生活的路易絲與麥克阿瑟離異。

1930 年 11 月，麥克阿瑟開始擔任了美國上將陸軍參謀長，負責籌劃、執行和發展美國陸軍當前和長遠的防務。

以前美國陸軍的備戰工作一般由陸軍內的各部門按照自己的意願去做，帶有較大的隨意性，常常顯得很不協調。每當戰爭來臨時，參謀工作往往缺乏效率，軍隊調動不力，後勤補給跟不上。儘管後來建立了一個現代化的參謀部，但它卻常用上一次戰爭的計畫來從事下一次戰爭，不健全的體制沒有得到徹底改變。

麥克阿瑟當上陸軍參謀長後，下決心扭轉這種局面。他首先解決了長期爭論不休的陸軍航空隊和海軍由誰來進行海岸防

禦的問題，使各方面一致同意把這一任務交給陸軍。他又把騎兵改成了機械化部隊，用坦克、裝甲車和摩托代替了馬匹，使陸軍的行進速度和機動能力大為提高。

麥克阿瑟還制定了一個陸軍總動員計畫，計畫成立約 400萬人的 6 個野戰軍。他根據對重要國防工業的調查，修改了平時工業生產轉為戰時生產的計畫。為了減少浪費，他為各兵種設立了一個統一的後勤採購制度。

此外，他還建立了一個航空隊司令部以便提高地空部隊協調的效率。

在兩次大戰期間的和平時期和全球性經濟蕭條時期，一方面美國國內和平主義高漲，另一方面因經濟緣故，國會常常企圖裁減陸軍數量，而麥克阿瑟則極力阻止這種企圖的實現。國會有人提出將陸軍軍官由 1.2 萬人減少到 1 萬人時，麥克阿瑟在國會發言時指出，「沒有足夠數量的軍官去指揮，戰鬥是注定要失敗的。軍官隊伍是否充足和有效，意味著戰爭勝敗的不同結果」。

他大聲疾呼，按照 1920 年的國防法案規定的數目，陸軍還缺少 6,000 名軍官，如果再減少現在軍官數量，將會嚴重地危及國防。

1933 年他警告說：「陸軍的兵力及其戰備水準已經處在危險標準以下。」第二年他又列舉了美國在兵員和戰爭物資方面的匱

乏，希望能得到補充。

他曾經對一位朋友說：「為得到使陸軍摩托化和機械化而需要的資金，我溜鬚拍馬，對某些先生們磕頭作揖。為建造新營房來代替那些士兵居住的百孔千瘡、貧民窟般的舊營房，我曾卑躬屈膝地尋求撥款。」

麥克阿瑟的行為，受到了社會上不少人的批評，人們稱他為「大眾錢包的貪得無厭掠奪者」、「虛張聲勢的好戰分子」⋯⋯

儘管如此，麥克阿瑟身為陸軍參謀長，每年都成功地阻止了削減陸軍人數的議案，而且到 1935 年甚至還增加了陸軍的數量。這一年國會通過了一項法案，將陸軍人數由原來的 12.68 多萬人增加到 16.5 多萬人。

陸軍航空隊原有各種性能的飛機 1,500 架，其中一半以上不能適應戰鬥，一些已準備報廢。在麥克阿瑟任陸軍參謀長的 5年間，飛機增加到 2,300 架，而且都是最新式的飛機。

由於麥克阿瑟的不懈努力，在第二次世界大戰爆發時，美國才有了一支裝備較好的軍隊，為最後擊敗法西斯提供了物質條件。因此在陸軍參謀長任期結束時，麥克阿瑟獲得了綴有橡樹葉的優異服務勛章。

1932 年春夏，2.5 萬名曾參加第一次世界大戰的美國軍人及其家屬因生活困苦，發動了一場在華盛頓的「酬恤金進軍事件」，希望透過這一行動來迫使國會提前發放 25 億美元的退休

金。第一批人於 5 月 30 日到達首都，先在一所空建築物裡安營紮寨。出於對過去戰友的同情，麥克阿瑟辦起了流動廚房為他們提供伙食。但很快人數劇增，不僅無法再供應伙食，而且也沒有空房再能提供無償居住，只好用廢木料搭起臨時的棲身之所。華盛頓城裡迅速出現了一座退伍軍人城，人們稱之為「胡佛村」，諷刺現任總統胡佛不能為這些退伍軍人提供生活保障。華盛頓的警察很快就無法控制胡佛村裡不法分子的騷亂，社會治安受到嚴重威脅，傳染病也有可能由此在首都蔓延。

麥克阿瑟接到陸軍部長赫爾利傳達的胡佛總統有關遣散這些退伍軍人的命令後，在他信任的艾森豪少校陪同下，親自率領 700 多名全副武裝的士兵，用催淚彈、刺刀迫使遊行者退出了華盛頓。

輿論紛紛指責麥克阿瑟的這種行為，特別是指責他制定一位陸軍參謀長卻親自去執行一個上校就能承擔的任務，真是小題大做。麥克阿瑟則認為，這件事肯定會在全國民眾中產生怨恨，自己也不願意這樣做，但「如果總統命令我採取行動，我將不會把這種令人厭惡而其他人又不願意做的差事交給其他任何一位陸軍軍官去做。」

雖然麥克阿瑟受到了輿論的非議，但他這種行為又有一種我不下地獄，誰下地獄的英雄氣概。

1935 年麥克阿瑟的陸軍參謀長任職期滿後，應菲律賓自治

政府總統奎松的邀請，到菲律賓擔任軍事顧問。

1936 年他被授予菲律賓陸軍元帥的軍銜，並迅速著手組建菲律賓軍隊和制定菲律賓防務計畫。麥克阿瑟的計畫十分龐大，他打算到 1946 年能在菲律賓組建一支 40 萬人的地面部隊、一支擁有 250 架飛機的空軍和一支由 50 艘魚雷快艇組成的海軍。

但菲律賓的經濟條件使這一計畫最終未能實現，麥克阿瑟在菲律賓僅組建了一支為數不多的陸軍。他嘔心瀝血地訓練這支軍隊，仔細研究他們可能與敵人交戰之處的地形，深入探討他們在未來戰爭形勢下所必需的後勤供應、武器裝備和戰術問題。儘管許多人認為這種戰爭形勢永遠也不會出現，麥克阿瑟還是傾注了全部精力去策劃和布置菲律賓的防務。

有人問他：「如果菲律賓落入日本人之手，你擔心什麼呢？你已盡了最大努力。」他回答說：「就我個人而論，我一定不會失敗！世界的明天在很大程度上依賴於這裡的成功。也許這些島嶼不是控制太平洋的門戶，甚至不是這個門戶的鎖，但對美國來說，它的確是打開門鎖的鑰匙，我絕不讓這把鑰匙丟失。」

4. 二戰中屢建奇功

第二次世界大戰爆發後，隨著戰爭形勢的發展，日本於 1941 年占領了中南半島後，亞太地區形勢突然緊張起來。

麥克阿瑟

　　7月，華盛頓動員菲律賓陸軍與美國駐菲部隊合併，麥克阿瑟被任命為美國遠東軍司令，司令部設在馬尼拉。同年12月7日珍珠港事件爆發，10小時後日機轟炸了菲律賓的美軍克拉克空軍基地，炸毀了機場上幾乎全部美國B-17型轟炸機和大部分戰鬥機，極大地削弱了美國遠東軍的防守力量。

　　3天後日本開始進攻菲律賓。麥克阿瑟指揮的遠東軍僅有美軍1.9萬人，菲律賓軍1.2萬人，另外還有10餘萬當地民兵。空軍僅剩下菲律賓軍隊的150架飛機，海軍只有一支小艦隊。

　　在日軍的強大攻勢下，遠東軍損失慘重並節節敗退，麥克阿瑟只得放棄馬尼拉的防守，將部隊撤到早已有所準備的馬尼拉灣西面的巴丹半島組織抵禦。

　　日軍對巴丹半島多次發動猛攻，遠東軍憑藉堅固的工事英勇抗擊，多次擊退日軍。但這時戰爭形勢對遠東軍十分不利，美國在西太平洋地區的空軍已損失殆盡，無法從空中配合陸軍防守，再加上此時美政府正花大量精力援助歐洲戰場的反法西斯戰爭，影響了對遠東的援助；日本突然發動太平洋戰爭後，日本海軍在太平洋上一度占據優勢，使美國本土難以有效地支援菲律賓的遠東軍。這一切使巴丹的守軍處境日益惡化。

　　到了3月，日軍向巴丹大規模增兵，使遠東軍的堅守更加困難。日本方面興高采烈地宣布，若能生擒麥克阿瑟，將在東京帝國廣場當眾絞死他。這時美國政府為了在太平洋地區進

行陸海軍協同作戰，命令麥克阿瑟把軍隊指揮權交給溫萊特將軍，他自己到澳大利亞去擔任新建立的西南太平洋地區盟軍的總司令。3 月 11 日夜裡，麥克阿瑟登上魚雷艇準備駛離巴丹時，向眾人發誓：「我還會回來的！」他離開之後，遠東軍堅守巴丹近兩個月，最後因寡不敵眾而向日軍投降。

麥克阿瑟乘魚雷艇闖過日軍海空巡邏隊的封鎖後，於 3 月 17 日到澳大利亞的墨爾本。儘管他受到當地人民的熱烈歡迎，他的心情還是非常沮喪。當他得知巴丹守軍投降的消息後說：「我是那個失敗事業的領導者，從我痛苦的內心深處，我祈禱仁慈的上帝，不久就把那裡的失地收回。」麥克阿瑟這時懷著強烈的復仇情緒，他認為自己活著就是為了早日重返巴丹。他在澳大利亞建立起西南太平洋地區盟軍司令部，積極著手整頓澳大利亞防務，組織和訓練部隊，積蓄反攻力量，制定積極的進攻計畫。他命令他的參謀人員要用「這是巴丹」來回答所有的電話，他本人的專機「吉恩號」也改稱「巴丹號」。

1942 年 6 月中途島戰役之後，美國在太平洋地區逐漸由防禦轉入進攻。麥克阿瑟主張趁勢攻占日軍在西南太平洋最重要的海空軍基地 —— 新幾內亞東部的拉包爾，然後正式開始對日本的策略反攻。儘管海軍上將尼米茲主張先考慮歐洲戰場而在太平洋地區採取守勢，但因英國不同意盟軍過早渡過英吉利海峽對德作戰，美國決定採納麥克阿瑟的主張先在太平洋地區對

日發動進攻。為此必須首先守住美軍在西南太平洋地區的軍事基地，尤其是新幾內亞東南部的摩斯比港。

8 月 25 日夜，日軍 1,200 人在摩斯比港以東 90 英里外的米爾恩灣登陸。這次作戰是對該城的第二個潛在威脅，要不是敵人犯了一個大錯的話，這座城市就將處於南路來自科科達、西路來自米爾恩灣的日軍各路縱隊合擊的壓力下。日軍不知道麥克阿瑟在距離他們登陸點 15 英里的島上正在修建一座機場。

即使在有了 600 人的增援和 2 輛輕型坦克的支援之後，日軍還是發現他們在人數上和槍炮數量上都遠遠不及對方。他們對米爾恩灣機場掘壕固守的敵軍進行了 10 天徒勞的正面進攻。他們從早到晚一直受到美國和澳大利亞戰鬥機「直到槍膛子彈打光才停止掃射」的攻擊。日軍在這場注定要失敗的進攻中共有 1,000 人傷亡，而剩下的倖存者突然撤退了。米爾恩灣的勝利是盟軍在太平洋地面戰鬥中的首次重大勝利。

與此同時，5,000 名日軍仍在從科科達向南進發，堅持不懈地向摩斯比港跋涉。日軍不斷滲透，守軍節節敗退。

儘管巴布亞的日軍人數還不到盟軍人數的 1/2，但他們於 9 月 16 日，仍得以前進到離摩斯比港不到 20 英里的地方。晚上，日軍偵察兵已能看到港口上來回搜尋的防空探照燈。澳大利亞人正在山路上建造新的防禦據點，但他們的防禦能力有限。

麥克阿瑟決定攻打日軍的後方。他讓第 32 步兵師的兩個團

開赴新幾內亞發動反擊戰。

9 月 16 日夜，麥克阿瑟打了保密電話給科廷。他向總理承認他非常擔心。他說：「防守摩斯比港的澳大利亞地面部隊在戰術上的被動保守，嚴重威脅著附近的機場」，「如果阻止不住日軍前進，在新幾內亞的同盟國部隊將重蹈馬來西亞的覆轍」。

正如每個澳大利亞人痛苦地意識到的那樣，那年年初在馬來西亞，澳大利亞一整個師被一小股日軍包圍並俘虜。麥克阿瑟說形勢很嚴重，他希望布萊梅立即來巴布亞並親自控制局勢。他沒有明確指出，但他暗示希望布萊梅能讓澳大利亞人投入戰鬥。

這是麥克阿瑟一生中的關鍵時刻之一。如果丟了摩斯比港，他的軍旅生涯也將隨之付諸東流。

麥克阿瑟早已了解到新幾內亞是澳大利亞的屏障，其東南的摩斯比港則是新幾內亞的策略要地和通向澳大利亞的跳板，因而增強了該地的防備。

1942 年 7 月，日軍兩支部隊約 1.3 萬人先後在摩斯比港東北邊的布納登陸，向西攻占了科科達，8 月進入歐文斯坦利山向摩斯比港進發。中途受到盟軍飛機襲擊，加之補給缺乏，日軍被迫停止前進。

麥克阿瑟率領澳大利亞軍兩個師和美軍一個團，於 11 月 2 日收復了科科達。這次戰役使日本意識到原來認為 1943 年才會

開始的盟軍的反攻這時已經開始了。

由於西南太平洋戰場的勝負決定著整個太平洋戰爭的前途，日本決心加強在所羅門群島和新幾內亞的防禦，並新設了三個軍駐紮在這一帶。但在 12 月中旬，麥克阿瑟指揮盟軍攻陷了布納，把日軍壓迫到了海邊。

1943 年 1 月，沿海日軍被盟軍消滅了 1.2 萬人。與此同時，日軍在瓜島戰役中也遭到慘敗。

3 月 22 日，日本制定了《陸海軍中關於東南方面作戰協定》，決定把主要戰場放在新幾內亞。日本聯合艦隊也向南太平洋進軍，企圖阻止盟軍的反攻，並不斷向美軍占領的摩斯比港等處發動襲擊，但日軍最終未能攻占摩斯比港。

1943 年美軍在反攻路線上存在著兩種不同意見。以麥克阿瑟為代表的陸軍主張，應該沿著新幾內亞向菲律賓發動反攻；海軍卻認為應沿著中部太平洋路線反攻。最後華盛頓決定採用「雙叉衝擊」的策略，從西南和中部太平洋兩路同時發動反攻，使日軍顧此失彼，無法相互援助，最後兩路美軍在菲律賓會師。

在西南太平洋戰場的作戰計畫是，由海軍上將海爾賽先率軍占領所羅門群島東南，建立進攻拉包爾的空軍基地，然後逐步向北推進；麥克阿瑟則隨後率軍進攻新幾內亞北岸的萊城，接著北上占領俾斯麥群島中的新不列顛島；最後陸海軍聯合圍攻拉包爾。

在海爾賽行動成功後，麥克阿瑟於 9 月 5 日指揮澳軍第九師在萊城以東登陸，次日又增加了澳軍第七師和美軍一個傘兵團，11 日攻占了萊城南邊的薩拉茅阿，15 日又攻占了萊城西面的拉姆普。此時離日軍在新幾內亞的軍事重鎮馬丹僅有 50 英里了。

1944 年 4 月 2 日，麥克阿瑟指揮 7,000 軍隊在萊城西北的賽多爾登陸，向馬丹節節進逼，4 月 24 日攻占了馬丹。4 月底他又向拉包爾北部的阿得米拉提群島發動進攻，擊潰了 4,000 日軍的抵抗，並將其全殲，5 月占領了該群島。

同時海爾賽的部隊也於 1944 年 3 月攻克了拉包爾東南的布干維爾島。這樣，駐守在拉包爾的 10 萬日軍被盟軍團團包圍，陷入了孤立無援的境地。

1944 年暮春，麥克阿瑟率領 15 個師的盟軍對新幾內亞及其以東群島的日軍發起了最後攻擊，在進攻戰術上，海軍提出了從正面逐島壓迫敵人迫使其後退的「跳島戰術」。但麥克阿瑟卻認為這種戰術將造成慘重的傷亡，他主張採用一種傷亡更少的戰術，即所謂「越島戰術」。

具體就是向敵人防守堅固的主要據點的外圍做跳躍式進攻，不正面攻擊這些據點，而是迂迴到敵人背後，將他們分割包圍，用空軍和海軍切斷敵人的補給來源，將他們困死。不等據點裡的敵人被殲滅，其餘部隊又越過該地，再包圍前面的敵

軍據點。對拉包爾的日軍就採取了這種戰術。

麥克阿瑟的這種戰術很奏效，使盟軍在傷亡較少的情況下得以控制更多的地區。他於這年 4 月派澳軍從馬丹沿海向西推進，另一方面下令盟軍主力進攻馬丹西邊的軍事重鎮荷蘭地亞。

4 月 22 日 5 萬美軍在荷蘭地亞及其東邊的艾塔佩登陸，很快突破日軍防線，迅速包圍了艾塔佩東邊的韋瓦克，使日軍第 18 軍軍部和 3 個師團被圍困在韋瓦克，處於孤立無援、坐以待斃的境地。

未等韋瓦克的日軍被殲滅，5 月中旬麥克阿瑟又指揮美軍向西推進 120 英里，跳躍到托埃姆，渡過海峽占領了韋克德島。

5 月下旬又指揮部隊跳躍到荷蘭地亞以西 350 英里的比亞克島，遭到日軍頑強阻擊，一直激戰到 8 月美軍才取得勝利。

比亞克島的戰鬥尚未結束時，麥克阿瑟又於 7 月 6 日指揮美軍跳躍到了諾埃姆富島，迫使新幾內亞的日軍撤到了最西端的鳥頭半島。但麥克阿瑟又指揮美軍一個師迂迴到了鳥頭半島西北的桑薩波角登陸，切斷了日軍退路，打通了向菲律賓跳躍前進的道路。

1944 年 7 月，美軍經過激戰，攻占了日軍控制的馬里亞納群島。美國下一步的進攻目標應指向哪裡？早在這年春天海軍和陸軍便就這個問題產生了分歧。

以尼米茲為首的海軍主張繞過菲律賓，直接進攻臺灣或硫

礦列島、沖繩島等地。這一主張受到麥克阿瑟為首的陸軍的反對，這位陸軍上將認為，首先，菲律賓是日本縮小防禦區域後的防守重點，日本一旦失去菲律賓，就不能從海上得到荷屬東印度的石油供應而無法繼續進行戰爭；其次，如果美軍放棄菲律賓而進攻臺灣是極為冒險的，有可能受到日軍的兩面夾擊；第三，攻克菲律賓後可以直接進攻日本沖繩；第四點更重要，從政治上考慮，美軍應該去解救受日本人奴役的 1,700 萬菲律賓人民，這是美國義不容辭的責任。

　　麥克阿瑟對兩年前的巴丹戰敗仍耿耿於懷，復仇之心十分迫切。因此在他與尼米茲討論這個問題時，當尼米茲說到參謀長聯席會議傾向於海軍的主張時，麥克阿瑟大發雷霆，說菲律賓是被美國人遺棄了的，如果不能解救菲律賓人，就會抹黑美國的榮譽。1944 年 7 月 27 日，羅斯福總統將這兩位驍將請到了夏威夷，由自己的參謀長、海軍五星上將萊希和海爾賽上將作陪，一道共進晚餐。大家心平氣和地討論了太平洋戰爭的局勢，兩位意見分歧的將軍指著牆上的地圖，向總統兼三軍總司令羅斯福詳細闡述了自己的主張。羅斯福盡力使雙方的分歧縮小，最終按照麥克阿瑟的意見制定了作戰計畫，把下一個進攻目標定為菲律賓，尼米茲保證向陸軍提供有力的支援。

　　為了完成沿新幾內亞海岸挺進的行動，麥克阿瑟必須控制這個巨大島嶼西端的杰爾芬克灣和福克爾科帕半島的主要地

形。比亞克島以西 50 英里的諾埃莫福爾島上有 3 個日軍機場。空軍指揮官肯尼建議，如果飛機從諾埃莫福爾起飛，就可對福克爾科帕半島實施大規模空襲，繼而控制杰爾芬克灣。

麥克阿瑟決定在打贏比亞克島戰役後利用空降與兩棲聯合突擊攻占諾埃莫福爾。7 月 2 日，第 158 步兵團在諾埃莫福爾登陸，來到距離其中一個機場只有 100 碼的地方。第二天上午，第 503 傘降步兵團的一個營被空投到機場增援進攻部隊。獨立日那天又空投了第二個營。

諾埃莫福爾的 2,000 日本守軍撤回到該島中心的高地上。他們頑強戰鬥，但最終還是被殲滅了。美軍傷亡 400 人。日軍只有極少數人倖存下來。

奪取諾埃莫福爾後，7 月 30 日，麥克阿瑟突襲了福克爾科帕半島上的一個名叫桑薩波爾的漁村。第 6 步兵師大舉登陸，其中還包括幾千名修機場的陸軍工兵。桑薩波爾附近幾乎沒有日軍。入侵部隊兩週後發起攻擊，他們幾乎不費吹灰之力就擊退了無心戀戰的日軍。

現在麥克阿瑟控制了長 1,300 英里的整個新幾內亞島。他在夏威夷期間，「厄爾特拉」情報顯示，日軍為阻止麥克阿瑟從新幾內亞島向菲律賓的前進，正在構建一個三角防禦區。

這個三角防禦區以哈馬黑拉島、民答那峨島東部的帛琉和民答那峨島為依託。8 萬日軍地面部隊和擁有 500 架飛機的 3 個

航空軍駐守在這個三角防禦區內。將近半數的日軍部隊駐在哈馬黑拉島。敵人似乎已經了解麥克阿瑟的企圖。

麥克阿瑟決定離開總司令部幾天，參加第 31 師進攻哈馬黑拉島的戰鬥。9 月 10 日，達斯蒂・羅茲開飛機把他從摩斯比港帶到霍蘭迪亞。兩天後，麥克阿瑟登上「納什維爾」號，這艘巡洋艦加入了沿新幾內亞海岸向西北行進的護航運輸艦隊。9 月 15 日破曉時分，「納什維爾」號和其他戰鬥艦艇駛入哈馬黑拉灣，炮擊敵人的海岸防線。面對此番猛烈炮擊，日軍低下了頭，但是大自然卻做出了反應：甘科諾拉火山爆發。一時火光沖天、濃煙四起。當入侵艦隊向東北方向轉彎朝摩羅泰島駛去時，整個艦隊被鋪天蓋地的巨大塵雲籠罩了。

上午 8 時，第 31 師的第一波次登陸。登陸艇在離岸 200 ～ 300 碼的長長的河口沙洲處停了下來。戰士們沉著地下船，涉水上岸，把他們的 M-1 半自動步槍舉過頭頂，這時，肯尼的 C-47 運輸機在他們上空飛過，向附近的海岸和叢林噴灑大量的滴滴涕。因為熱帶的斑疹傷寒比日軍更危險。

10 時 15 分，埃格伯格、萊爾巴斯和麥克阿瑟來到岸上。儘管實際上不遠處有 3 個漁村，並且痲瘋病在幾英里的範圍內肆虐，但沒有任何明顯跡象表明該島曾被人占領過。麥克阿瑟在島上逗留了 3 個小時後回到「納什維爾」號巡洋艦上。

當這艘巡洋艦返回霍蘭迪亞時，無線電通信一直處於靜默

狀態。船上可以接收訊息，但是到本次軍事行動結束前不能發出任何信號，以免讓敵人知道這艘艦在戰場上及其所處的位置。

美國及盟國參謀長聯席會議在魁北克召開會議，9月15日晚，尼米茲向參謀長們通報了幾小時前從海爾賽那裡得來的消息。海爾賽的一支快速航空母艦特混艦隊最近在空襲萊特島上的目標時，實際上並沒有遭到日軍飛機的任何抵抗。一名跳傘的飛行員在萊特島上躲了一天後也獲救了。這名飛行員報告說，曾幫助過他的菲律賓人說這個島「一攻就破」。海爾賽請尼米茲批准集結一支登陸部隊，發起突然進攻，攻占萊特。

這些資料也被送到了「納什維爾」號巡洋艦上。當麥克阿瑟看到這些資料時，他的眼前像播電影般閃現出了一幅幅畫面：軍事史上的一次最大膽的襲擊，一場可與坎尼之戰和滑鐵盧之戰比美的偉大戰役，一個即便是科西嘉天才（拿破崙一世的綽號 —— 譯者注）也要品味品味的絕妙策略行動。用金凱德的第7艦隊和尼米茲提供的其他進攻登陸艦艇等可用的海上運輸力量，他就能把6個師的部隊全部送上岸。但為什麼要把6個師全都送到萊特島的海岸上呢？那是最穩妥也最平淡無奇的做法。一個偉大的指揮官是可以做到一箭雙鵰的，他要同時攻打萊特島和呂宋島。他的部隊要組成鐵錘和鐵砧般的陣式：4個師的兵力從林加延灣登陸，2個師在萊特島上岸，那麼在菲律賓的42.5萬名日軍就會像堅果一樣被麥克阿瑟的軍隊捶爛！

麥克阿瑟發了一封電文給馬歇爾，闡述了以上觀點。如果參謀長聯席會議同意了這項卓越而大膽的計畫，就能一勞永逸地解決關於呂宋島的激烈爭論。

9月17日，上午9時，「納什維爾」號在霍蘭迪亞靠岸時，麥克阿瑟興高采烈地走下船。就他所知，總司令部成員們正在討論他的那項同時攻打呂宋島和萊特島的計畫。這趟旅行使他精神振奮，他覺得似乎可以把握命運了。

馬歇爾是否要做出修改還不清楚，但在麥克阿瑟回到新幾內亞幾天後，馬歇爾派作戰處處長約翰·赫爾少將前往澳大利亞。赫爾希望更加了解有關麥克阿瑟攻占菲律賓的計畫。麥克阿瑟告訴赫爾應該繞過的是臺灣，而不是呂宋。位於呂宋的空軍和海軍部隊可以輕而易舉地孤立臺灣，沒有必要攻占它。另一方面，他奚落了透過實行海軍封鎖來削弱菲律賓的日本兵力的建議，麥克阿瑟認為，如果這種封鎖能傷害誰的話，那傷害的也只能是菲律賓人，而不是日本人。他自己的目標則是切實可行的：在呂宋登陸30天後攻下馬尼拉。這是一個清晰而明確的誓言。

10月5日。麥克阿瑟終於獲得了他自1942年春一直苦苦企求的那句話：他可以攻打呂宋。10月14日，他飛回摩斯比港，次日上午動身前往霍蘭迪亞和萊特島。

到1944年夏季之前，麥克阿瑟的每一步重大行動都是對空

中力量的一次肯定。他已學會像其他地面指揮官一樣合理利用空中兵力，他既了解航空兵的靈活性，也了解其脆弱性。他知道飛行員能做什麼，不能做什麼。他知道根據天氣狀況、飛機的種類和數量搭配、地面部隊的緊急需求、空中戰役的總體需求和敵軍的行動，空戰每日是怎麼變化的。

　　萊特島長 115 英里，北部和南部寬 40 英里，但中部只有 15 英里，很適合麥克阿瑟的部隊登陸。那裡的機場可停放肯尼的在林加延灣海岸線內飛行的戰鬥機，這些飛機將為呂宋的兩棲進攻提供掩護。但是當肯尼仔細研究將在 1944 年夏投入使用的這 4 個機場時，他才發現他們在島上的位置不利。這幾個機場都位於萊特灣或萊特灣附近，而且靠東面，這是整個島上天氣最惡劣的地方，而進攻的時間正處於雨季。機場所在的地點又排水不暢。當初在那裡建造機場出於商業考慮，它們足以容納往返於當地首府塔克洛班的輕型飛機。它們或許能承受日本戰鬥機和其他比肯尼的 P-38 和 P-47 稍小的飛機的起降。如果不重建這些機場，它們是絕對不能停放他的轟炸機的。

　　肯尼堅持要在攻打萊特的計畫中將攻占島的西岸包括進去，這樣可為他提供平坦的、排水良好的機場。麥克阿瑟表示同意，因為進攻萊特的最初計畫就是從兩側實施打擊。在萊特灣東側實施兩棲進攻，與此同時，空降第 11 師在西側空降，占領可用於建造機場的場地。但當進攻日期提前到 10 月 20 日時，

上述方案便被放棄了。麥克阿瑟的工兵們告訴他，雨季到來時，很難在塔克洛班建造機場。麥克阿瑟早就知道這一點，實際上，在他們當中某些人還沒有出生時他就知道這一點。他早在 1903 年就考察過塔克洛班海岸附近的地形，那時他也是一名陸軍工兵。儘管如此，麥克阿瑟還是把他們的反對意見放到一邊，要求他們於登陸 5 天後在塔克洛班建好一座 5,000 英尺長，能夠停放一個戰鬥機群（約 75 架飛機）的臨時機場，隨後再建幾個停放轟炸機、偵察機和更多戰鬥機群的機場。他指望在他們登陸的頭 3 天由海爾賽用他的快速航母上的戰鬥機為他提供掩護，而凱西的工兵則竭力在泥濘中建造機場。700 多艘艦船延西北航線向北進發，目標是菲律賓中部。

與這次進攻相比，1944 年 6 月 6 目的橫渡海峽的進攻只是一次小戰役。這確實是一支無敵艦隊，整個進攻艦隊由 20 多艘航母。12 艘戰艦和近 100 艘巡洋艦和驅逐艦及上千架飛機護航，掩護和輸送著 75 萬士兵，帶著他們所有的裝備和火炮穿越寬廣無垠的海域到達敵人大後方的遙遠海岸作戰。

10 月 20 日黎明，戰艦和巡洋艦靠近了要登陸的海岸，並開始用他們的大口徑火炮轟擊。炮彈的轟鳴震撼著萊特灣的水面，震撼著寂靜的清晨。

攻擊部隊由 4 個師組成：第 1 騎兵師和第 24 步兵師在塔克洛班機場附近登陸，這是這一天最重要的戰術目標；其他兩個

師，即第 7 步兵師和第 96 步兵師，將在南邊 10 英里處的杜拉格附近登陸，在那裡有肯尼要占領並將趕修的 3 個簡易機場。

上午 10 點，登陸部隊的第一波上岸，他們在大部分地區幾乎都沒受到什麼抵抗。日本部署在萊特島上的部隊約 2,000 人，但他們知道他們建造的掩體經受不住太平洋艦隊為制壓海岸防禦而進行的炮擊。只有在有岩洞的地方如比亞克，他們才可能把岩洞加固並挖深，這樣一來哪怕是直徑 16 英寸、重達 1 噸的海軍炮彈也很難摧毀它們，除非是剛好命中。但是萊特島的海岸上幾乎看不到任何岩洞。於是，日軍將大部分防禦部隊撤到俯視海岸的山上，在那裡他們能用迫擊炮和機槍掃射登陸部隊。

從 10 英里外的「納什維爾」號巡洋艦的甲板上，很難看到岸上發生的事情。密集的炮火傳來震耳欲聾的聲響，頭頂上有變幻莫測的火箭彈曳光，時而傳來在低雲層中穿過的海軍戰鬥機的呼嘯聲，加上沿海岸線的濃煙和從下直伸向雲間，帶著火舌的濃黑煙柱，這一切都好像是這場戰爭的背景，而不是戰爭本身，麥克阿瑟沉靜地觀測著。

下午 2 點 30 分，登陸艇靠近海口沙洲，開始慢慢停靠在另外四艘已經靠岸的登陸艇旁，其中一艘登陸艇正起著火。在登陸艦停靠地的內陸上，海軍的俯衝轟炸機正在向日軍陣地進攻。艦上的舷梯降下，4 名隨軍記者衝下舷梯，其中兩人帶著照相機，準備記錄下這位將軍重新踏上菲律賓國土的這一時刻。

麥克阿瑟下船，他的屬下、奧斯梅納、肯尼和金凱德緊緊尾隨其後上岸。在舷梯底部，海水沒過了他的膝蓋。

他的下巴向前伸著，顯得氣宇軒昂，他大步走了約 50 碼才走上柔軟的沙灘。當他的美國和菲律賓夥伴圍上來時，他只簡單地說了一句話：「我回來了。」這是一句簡潔的、無可辯駁的事實，從他的嘴裡平靜地說出，好像是在隨意地交談，一會兒還要正式發表談話。奧斯梅納伸出手來與麥克阿瑟握手，以官方身分歡迎他回到菲律賓。

灘頭陣地的報告表明，這將是戰史上代價最小的重要登陸行動之一（最後的傷亡人數是 49 人死亡，192 人受傷）。它與前不久在帛琉的浴血戰爭截然不同，在那裡尼米茲為攻占佩萊利烏島傷亡 1 萬人，而該島卻不再具有任何策略重要性。那天在萊特灣登陸的有 5 萬多人，4,500 輛車輛和 10.7 萬噸供應品。儘管這次登陸並不像麥克阿瑟在頭一天晚上祈禱的那樣是一次不流血的勝利，但他確實感到他的祈禱得到了一些回報。

在這個重要的一天裡，麥克阿瑟將要完成的最後一件事是寫公報。他寫道：「在一場大規模兩棲作戰中，我們已經占領了菲律賓萊特島的東岸，它離摩羅泰 600 英里，離米爾恩灣 2,500 英里，我們在 16 個月前就開始進攻米爾恩灣了……這次是總司令親自指揮作戰」。

第二天（10 月 23 日）早晨，麥克阿瑟跟他的參謀們離開「納

什維爾」號巡洋艦，參加奧斯梅納正式就任菲律賓共和國總統的儀式。就職儀式在塔克洛班的地區議會大廈前的臺階上進行。這座大廈和這個城鎮一樣，在戰爭中沒有受到嚴重的損害。儀式結束後，麥克阿瑟向萊特的游擊隊長魯珀托‧坎列昂上校授予了服役優異十字勛章，奧斯梅納任命坎列昂為萊特島總督。

那天晚上回到「納什維爾」號後，他聽說海爾賽未告知即撤出戰場，去追擊日軍航母去了。一場大海戰已經開始，讓萊特灣的水面不能平靜。金凱德告訴麥克阿瑟說，日軍的彈藥好像快用光了，「納什維爾」號應該到戰場支援作戰。

第二天晚上萊特灣上空開始迴蕩起槍炮聲。漆黑的夜幕被橘紅的火焰和眩目的白光撕破。海水在彈藥的爆炸中顫抖。這時候，海爾賽的第 3 艦隊以最大航速向北去追逐日軍的航母，航母上共有 29 架飛機。海爾賽以 30 節的速度撤離戰場，使從菲律賓中部水域到萊特灣的主要航線失去掩護。10 月 25 日上午，當戰爭進入高潮時，金凱德堅持要麥克阿瑟離開「納什維爾」號巡洋艦，以便讓該艦投入戰鬥。麥克阿瑟不情願地轉移到另一艘艦「瓦薩奇」號上，克魯格的第 6 集團軍指揮所就設在這條船上。

從北部進入萊特灣的日本艦隊部署成縱隊，正好遭遇到美軍 6 艘老式戰艦，其中 5 艘是從珍珠港的泥漿中打撈出來的。美軍指揮它利用海軍傳統的 T 形交叉戰術，集中這 6 艘老戰艦

的火力一次對付一艘來襲的戰艦。日軍艦隊眼看著自己的幾艘巡洋艦被炸後，剩下的調頭逃跑，又遇上了美軍潛艇跟蹤。海爾賽在這場戰爭中也做出了貢獻。

從南部進入萊特灣的日軍艦隊有 5 艘快速戰艦、9 艘巡洋艦和 14 艘驅逐艦。夜間，他們有兩艘戰艦已經被美軍潛艇擊沉，但現在這支艦隊很有威懾力地壓倒了萊特灣的 16 艘美軍護航航母。他們的飛行員們沒有受過攻擊戰艦的訓練，而飛機上的武器裝備通常也是不用於海上作戰的。儘管如此，它們還是雲集在來襲日艦的上空，迫使他們採取規避措施，同時，金凱德的驅逐規則用魚雷對日軍戰艦和巡洋艦進行攻擊。日軍艦隊的海軍將軍們經過數小時的忙亂行動後，精神已徹底崩潰了，只得撤出他們的艦隊，而美軍潛艇追蹤其後。

日軍聯合艦隊在萊特灣海戰中損失 3 艘戰艦、4 艘航母、6 艘巡洋艦和 14 艘驅逐艦。然而 10 月 25 日，當日本海軍的希望之光漸漸消退時，他們亮出了他們的殺手鐧 —— 神風特攻隊。日本的 9 架自殺飛機在萊特灣上空盤旋，它們沒有衝向金凱德的艦艇，而是跟這些護航航空母艦相撞，致使一艘航母沉沒，三艘遭到嚴重損壞。

在隨後的 24 小時中，日軍摧毀了將近一半的 P-38 飛機。肯尼將戰鬥機群其餘的飛機調來，但這些戰鬥機仍繼續遭受打擊。在一天時間內，這座小城和機場要被敵人轟炸十幾次。晚

上的空襲最密集，對麥克阿瑟的參謀部的一些參謀（如威洛比）來說，這是一次可怕的經歷，但麥克阿瑟仍像往常一樣沒把這些空襲放在心上。

占領萊特的關鍵地點不是塔克洛班而是奧莫克，這是島上最大的港口，位於西部海岸，離第 6 集團軍進攻的地方 30 英里。為了到達奧莫克，克魯格的戰士們不得不邊打邊前進，翻越橫亙在他們前方的山脈，並進入萊特島。穿過萊特谷的稻田，還得翻過一座山進入奧莫克山谷中。到了那裡，他們還要再超過幾座山峰，才能到達西北部的海岸平原，攻占奧莫克鎮。在東京日軍總部，日軍參謀們越是仔細研究地圖，就越確信為奪取萊特島值得打一場大仗。地形對守軍一方非常有利。

但在菲律賓的日軍司令山下奉文將軍卻反駁說，儘管萊特有地形上的優勢，但沒有必要為它而戰。山下曾因從美國手中奪取新加坡而名聲大振。他個子不高，禿頂，肌肉發達，智慧過人；沒有人會懷疑他的能力或他的好鬥本性。在他看來，自從聯合艦隊在萊特灣戰役中失敗後，試圖攻占萊特島是完全沒有意義的。儘管日軍可以讓美軍為萊特付出很高的代價，美軍還是不可避免地會奪取這裡。他認為全力攻打呂宋而放棄萊特更有意義。

山下的想法是正確的，但是他仍沒有說服日軍總部，總部將增援力量送至奧莫克，決定讓美國第 6 集團軍在那些偏遠的

山上和山谷中打一場艱難而慘酷的戰役。

　　儘管克魯格的第 6 集團軍在人力和火力上都占有強大的優勢，但他們的挺進速度卻不快。正如工兵軍官所預言的那樣，潮溼的季風已將山谷地區變成了一片淺湖。因為那年秋天，幾十年來最惡劣的季風氣候入侵菲律賓中部。必須調用登陸艇到萊特谷運送補給品和裝備，而空軍工兵在塔克洛班和杜拉格建造足夠的機場的努力也幾乎被完全破壞了。在適合飛行的天氣裡，日軍與美軍在空中勢均力敵。實際上，美軍並沒有像原先預想的那樣獲得空中優勢，第 6 集團軍只得在無制空權的情況下繼續進攻，直到 10 月中旬還沒有拿下萊特島。

　　麥克阿瑟剛剛使第 77 步兵師隸屬於自己，這個師參加了 6 月份的關島之戰。麥克阿瑟告訴克魯格如果第 6 集團軍感到沒有能力占領奧莫克，他將考慮讓艾克爾伯格指揮萊特戰役，而且第 8 集團軍將利用第 77 師為前鋒向奧莫克發起進攻。在這個關頭，克魯格妥協了，他要求再給他 3 個星期時間攻占萊特，並說第 6 集團軍歡迎第 77 師加入，並打算用第 77 師在奧莫克登陸。

　　在珍珠港事件紀念日這天，第 77 步兵師在奧莫克南幾英里處的海岸登陸，給了日軍出其不意的打擊，奧莫克城在 3 天後被攻克。這是一次完全成功的戰鬥，但美中不足的是：仍有 4 萬多日軍在萊特島上作戰，看來他們不會投降，日軍仍占據

著奧莫克山谷的絕大部分。克魯格的形勢岌岌可危，肯尼要建立空中優勢還缺少機場跑道，而且這場該死的大雨還在不停地下著。

在萊特島中部的緩慢推進，加上沒有建成機場，使得原計畫在呂宋的登陸時間推遲了，這使麥克阿瑟感到非常為難和懊惱。

12 月 18 日，他被授予新設立的陸軍五星上將軍銜，受銜日期比馬歇爾晚兩天，比艾森豪早兩天。

當天他還發布了一份特別公告，宣布萊特島已經光復，只剩下一些掃蕩工作。他將這一任務交給了艾克爾伯格和第 8 集團軍。克魯格和第 6 集團軍撤出。他們將去攻打呂宋。

5. 收復馬尼拉

在萊特島戰役中美軍陣亡 3,500 人，傷 1.2 萬人。日軍在保衛萊特島的戰鬥中損失約 5 萬多官兵，另外還有 4 萬餘人乘船前往萊特島的途中因船隻被美軍的潛艇或飛機擊沉而葬身海底。

儘管萊特之戰讓山下奉文將軍的隊伍損失了近 10 萬人，但他仍有 27.5 萬人可用於保衛呂宋。但他不想讓這些官兵在林加延灣海岸的戰鬥中遭到無謂的傷亡，在那裡他們可能會被美國海軍的炮火殲滅。他也不打算死守馬尼拉。如果那樣，他就得

打贏呂宋中央平原一仗，但是他沒有足夠的火力和機動力在美國擁有迴旋餘地的地方和麥克阿瑟決戰。他唯一能做的事情大約就是進入山區 —— 這是呂宋島上特別有優勢的地方 —— 他們可以在那裡修工事，堅守陣地等美軍自己送上門。他在呂宋北部山區部署了約 15 萬人；還有 7.5 萬人部署在馬尼拉以東的高地上；另外 3 萬人沿著俯視克拉克機場的高地布防，只留下 2 萬人保衛馬尼拉，1.6 萬海軍陸戰隊保衛港口。

1 月 8 日，在夜色的籠罩下，入侵艦隊在林加延灣集結。第二天破曉時分，海灣裡雲集了一大片來往的艦船；從海平面的一端到另一端分布著 800 艘灰色船隻。

他們決意進攻東海岸是因為這一帶有最適合登陸的海灘。山下奉文料到麥克阿瑟的部隊會這麼做，因此將他最精銳的部隊部署在山上，俯視他們的一舉一動。與此同時，克魯格計劃在林加延灣南端登陸，部分登陸海岸被河口沙洲阻擋，而且風高浪大。他想出奇制勝，減少人員傷亡，這是他夢寐以求的可與麥克阿瑟相媲美的成就。

1 月 9 日清晨，在海軍炮擊後，第 6 集團軍投入 4 個師（第 6、第 37、第 40 和第 43 師）登陸。他們幾乎沒有遭到抵抗，在有些地方部隊幾乎是跑步上岸的。午飯後，麥克阿瑟、薩瑟蘭、埃格伯格、萊爾巴斯和其他幾個參謀登上一艘登陸艇前往聖法比安附近的海岸。

1 月 13 日，麥克阿瑟將他的前進指揮所轉移到岸上，住在從海灣向內地走 4 英里的達古潘鎮的一所中學裡。他把操場上的一所平房作為自己的寓所兼辦公室。在那裡的頭幾天，他心情樂觀、興高采烈，但後來便開始和克魯格發生衝突。他想讓克魯格在 1 月 26 日 —— 他的 65 歲生日以前（非常巧合的是克魯格也是這一天過生日）—— 南下攻占馬尼拉。而克魯格擔心，如果他大舉南下，日本可能對他採取什麼行動。他只想鞏固登陸第一天所占領的灘頭陣地，等待本月晚些時候增援部隊到來。然而不僅僅是麥克阿瑟一個人催促他對馬尼拉發動進攻，肯尼也叫嚷著要陸軍占領大致位於林加延灣和馬尼拉中間的克拉克機場。

在這個節骨眼上，麥克阿瑟收到了來自馬歇爾的電文，馬歇爾告訴他，陸軍部計劃向總統上報一份職務晉升名單，問麥克阿瑟是否要推薦什麼人？為了推動克魯格更加合作，3 月 18 日，麥克阿瑟推薦克魯格升為四星上將。

不知道是為四星上將的前途所打動，還是因為第 6 集團軍需要它所能得到的所有空中支持，克魯格動心了，允許第 37 師和第 40 師向克拉克機場進軍。結果，就像推一扇沒有上鎖的門一樣暢通無阻。部隊沿著 3 號公路以每天 10 英里的速度長驅直入，它遇到的抵抗微乎其微。

事實證明，攻占克拉克很容易。難的是如何讓這個地方發

揮作用。成千上萬的日本人埋伏在山上，居高臨下，將這裡的 6 個機場置於其炮火打擊之下。第 40 師必須進入山區，把他們驅趕到火炮射程之外，並最終把他們從戰壕裡抓出來。

在第 40 師攻占克拉克以前，克魯格就清楚地表明他不想朝馬尼拉的方向再前進半步了。他確信埋伏在呂宋中央平原以北和以東的山區裡成千上萬的日本人會突襲連接林加延和馬尼拉的主幹線 3 號公路，並打垮他的右翼。在他的後援部隊 —— 主要是第 1 騎兵師和第 32 步兵師 —— 從萊特調到林加延之前，他什麼機會也不會有。

麥克阿瑟認為克魯格對周圍形勢的判斷是大錯特錯。他還批評了威洛比，因為他誇大日軍的實力，無形中增加了克魯格的恐懼心理。如果山下奉文讓他的人進入平原地區，那就無異於要他們自己被美國的坦克、飛機和自行火炮消滅。事實證明確實如此，在爭奪克拉克的戰鬥中，當日本第 2 坦克師的一個裝甲團從高地衝下來企圖切斷 3 號公路時，確實被美軍一卜千殲滅了。

1 月 31 日，麥克阿瑟命令艾克爾伯格的第 11 空降師的兩個滑翔團乘坐登陸艇在納蘇格布灣實施兩棲進攻。3 天後，該師唯一的傘兵團空降，攻占距離登陸灘頭 10 英里處的高地。但空降師在接近馬尼拉南部近郊時，遇到日軍的頑強抵抗。日軍嚴密防守著進入市區的唯一接近路，而第 11 空降師正試圖由這條路

上進入。部隊在這裡戛然止步，日軍防禦部隊迫使他們停留在尼科爾斯機場南兩英里處。

與此同時第 6 集團軍的兩個最好的師，第 1 騎兵師計劃 1 月 27 日到達林加延灣，然後沿 5 號公路進軍；第 37 師從克拉克機場附近的駐地出發，沿 3 號公路向馬尼拉市前進。事實上，第 37 師已經處於林加延到馬尼拉的中間了，但第 1 騎兵師有更強的機動能力，豐富的作戰經驗和強烈的團隊精神。他們自認為是美國陸軍最好的師。

麥克阿瑟急於到達馬尼拉的迫切心情常常驅使著他叫吉普車開到先遣部隊的前面。1 月 30 日，在克拉克機場附近，他設法讓車開到交火地帶的中間，日軍的 3 挺機槍在他左側不到 100 碼處向他右側不到 100 碼處的美軍炮兵連射擊，而炮兵連則透過概略瞄準向藏在戰壕裡的日軍射擊。

在這個時候，第 1 騎兵師從林加延灣海岸向南挺進。當晚，麥克阿瑟見到維恩・D・馬奇師長並告訴他：「去馬尼拉。我不管你怎麼去，到那裡就行，而且要快。要避免人員傷亡。你可以繞過日本鬼子，超越日本鬼子，但一定要到馬尼拉，救出聖托馬斯集中營的戰俘，占領馬拉坎南宮和議會大廈。」

馬奇組織了一支由 800 名熱情的志願者組成的飛虎隊，分乘吉普車、卡車和輕型坦克向馬尼拉全速前進。兩天後，飛虎隊到達馬尼拉東北 74 英里的甲萬那端。騎兵師的戰士們涉水過

河，把日軍趕出了甲萬那端。上了 5 號公路，這支飛虎隊在 6 小時之內行進了 75 英里，於 2 月 4 日黃昏時到達馬尼拉市區第 37 師。沿 3 號公路加速前進，還是晚到了 12 個小時，於第二天凌晨到達馬尼拉。

麥克阿瑟實現了他登陸後 4 個星期內到達馬尼拉的誓言。他還希望用一支精幹、行動快捷的力量迅速突破馬尼拉，趁日本人正暈頭轉向時，讓他的部隊去解救被關押在市裡和周邊的幾千名盟軍戰俘。如果能讓部隊迅速入城，就可以不戰而拿下這些集中營，但是如果陷入艱苦而血腥的包圍戰，就很容易提醒日本人在無望的戰鬥的最後幾天大舉屠殺他們的戰俘。這些天來，麥克阿瑟對盟國戰俘的命運深深地擔憂。

2 月 5 日上午，第 1 騎兵師的飛虎隊插入北部郊區並向聖托馬斯大學進發，日軍在那裡關押著 3,500 名戰俘，主要是美國公民。與此同時，第 37 師前往比利比德監獄。他們趕在日軍炸毀山谷上的一座橋梁之前將其占領，沒開一槍一炮就占領了比利比德監獄，釋放了那裡的 800 名囚犯。

2 月 7 日，麥克阿瑟、埃格伯格、萊爾巴斯和其他 10 來個司令部的先遣梯隊參謀人員分乘幾輛吉普車從打拉出發向馬尼拉駛去。麥克阿瑟徑直前往比利比德監獄。

進入監獄以後，他發現自己置身於但丁曾描繪過的那種慘不忍睹的景象之中，令人不堪忍受成為其中一員的巨大痛苦。

幾百人抬頭凝視著他，這些人虛弱得除了從他們躺著的地方努力地向他微笑以外什麼也做不了，他們像一具具屍體一樣直挺挺地躺在汙穢不堪的簡易窄床上，雖生猶死，幾乎已經為葬禮做好了準備。

他回到吉普車裡，驅車前往聖托馬斯集中營，這裡的情況比比利比德監獄要好一些。但這裡的景象也一樣慘不忍睹。

當總司令部計劃奪回科雷吉爾多時，麥克阿瑟採納了參謀長薩瑟蘭採用空降部隊和兩棲部隊同時發起進攻的辦法。

2 月 16 日，第 503 傘降步兵團大約 2,000 人進行空降著陸，與此同時，1,000 步兵在懸崖底部的狹長海岸上登陸。這次進攻完全出乎日軍意料之外，日軍總共約有 5,000 人。第二天美軍又空降了 1,000 人的增援部隊。奪回羅克的戰鬥十分激烈，第 5 航空隊的重型轟炸機用凝固汽油彈幾乎炸平了科雷吉爾多的大部分地區，與此同時，海軍驅逐艦在直射射程內從海上向島上的岩洞和隧道入口處射擊。

羅克之戰是對裝備精良、很好地隱蔽在戰壕中的敵人的一次殘酷的近距離作戰。2 月 21 日夜，共有 2,000 日本人在馬尼拉隧道中自殺，他們用數百噸烈性炸藥將自己炸死。然而戰鬥還在繼續。有組織的抵抗又持續了一個星期。美軍收復科雷吉爾多的代價是 1,000 人傷亡。

當這場戰鬥還在激烈進行時，麥克阿瑟對另一所監獄發動

了突襲。馬尼拉的南部有一個大湖，叫做拉古納。拉古納湖南岸聳立著洛斯巴諾斯拘留營，這裡關押著 2,000 多名美國人和菲律賓人，這些人當中主要是傳教士和修女。2 月 24 日，第 11 空降師幾百名滑翔兵發起強渡大湖的兩棲進攻。拘留營的日本衛兵驚訝得亂作一團，以致忘記屠殺他們的囚犯了。所有的被拘留者沒有受到任何傷害，都獲得了自由。

這次戲劇化的突襲是整個事件的亮點，否則這裡將是一幅悲劇性的場面。負責馬尼拉作戰指揮的日本海軍上將岩淵三次手下有 3.5 萬人。他拒絕執行山下奉文保全馬尼拉的政策，而是把他自己無政府主義的觀念強加給這座城市裡無助的居民、古老的建築和倒楣的軍隊。讓馬尼拉變成戰場並不能使日本贏得絲毫的策略或戰術優勢，破壞這座城市也不能為日本帶來榮譽和光彩，殘殺馬尼拉人不會讓日本的失敗推遲一天時間。一切都無濟於事。守軍擁有大量的自動武器，彈藥庫裡充斥著軍械。每一個主要路口都設置了路障；街道上布滿地雷；數千建築物裡都埋置了餌雷；馬尼拉灣的海軍艦艇被拆解了武裝，船上的大炮被拖到岸上。就像他們征服其他地區時的做法一樣，日本兵圍捕了大批市民，然後不分青紅皂白地將他們屠殺。這些暴行是根本沒有任何理由、也開脫不了的。

麥克阿瑟發現自己不得不為這座城市而戰，這是一場會毀滅這座城市的戰鬥。他盡力不傷害這裡的人們。肯尼建議轟炸

稱為「內城」的有城牆的市區，把它夷為平地，免得步兵還要把守軍從城裡「挖」出來，麥克阿瑟對此建議不予考慮。「不，我不能讓你這麼做，」他告訴肯尼，「你可以全殲日本人，這沒問題，但是那裡還有幾千菲律賓人也會死。」結果，麥克阿瑟不讓肯尼向馬尼拉的任何地方投放炸彈。因為當時轟炸的精度還不能保證讓人口密集的城市中大量無辜市民免遭殺害。

起初，麥克阿瑟盡量避免在這場戰鬥中使用重型炮，但是當他的部隊受到日軍炮火的猛烈襲擊時，他不得不解除了這些限制。當時的美國大炮是全世界最好的。這種火炮的協同動作與控制能力都很出色。麥克阿瑟發現，一旦開火，這種炮幾乎能摧毀人類能建造出的任何東西。在馬尼拉之戰中，大部分建築物是被美國的炮火毀壞的，而死難的數萬菲律賓人中大部分則是日本人殺害的。

馬尼拉市中心被打得四分五裂，建築物和建築物，房間和房間之間分崩離析。這一戰製造出了歷史中最血腥的也是本世紀裡最壯觀的火葬場之一。「火焰有 1,000 英尺高，而它噴冒出來的大片大片的黑色濃煙則高達 2,000 英尺。」一位膽顫心驚的將軍記錄下了他在戰鬥開始階段從飛機上看到的情景。

美軍進入馬尼拉後不久，麥克阿瑟司令部的參謀們就擬出了勝利大遊行計畫，但是戰鬥迫使這一計畫推遲，再推遲，最後取消了。在收復馬尼拉以前，整個城市只剩下 4 個沒有遭到

破壞的公共和商業建築了。這座被稱為「東方明珠」的城市已是廢墟瓦礫堆。日軍實際上被殲滅 3.5 萬人。麥克阿瑟的戰鬥傷亡人數是 6,500 人。

1945 年 7 月，美國陸軍數十萬人從歐洲戰區出發前往太平洋戰區，陸軍部時刻監視著日軍在九州的大規模集結。一些激進分子描述了一幅令人生畏的場面，說是一個巨大的殺人場正在籌建之中。倉庫裡近 5,000 架神風特攻機只加注了夠飛單程的汽油。美軍從 8 萬日軍手中奪取沖繩，卻付出了傷亡 5 萬人的代價。如果按這個比例推算，正像馬歇爾擔心的那樣，攻占九州美軍將傷亡 27.5 萬人。

最近被授權指揮太平洋策略空軍部隊的卡爾·斯帕茨將軍 7 月 31 日到達馬尼拉，向麥克阿瑟出示了投放原子彈的命令。史汀生設法將日本文化中心 —— 京都 —— 從預定要轟炸的城市名單中撤銷了，由長崎取而代之。斯帕茨說，一切都準備就緒。

麥克阿瑟斷定這顆炸彈將使日本退出戰爭。8 月 2 日，他告訴肯尼戰爭將在兩個星期內結束。5 天後，日本南部的天空萬里無雲。當天下午，麥克阿瑟在馬尼拉市政大廳召開了異乎尋常的不允許記錄發表的記者招待會，邀請了 25 名戰地記者參加。他談到了這次戰爭，但是他腦海裡真正想到的卻是即將出現的新戰爭。他坐在舒適的真皮扶椅中講了一個小時。他說：「子彈」將把戰爭恐怖擴大幾萬倍。現在是技術當家。他還清楚地記

得，還只是在 10 年以前，第一架泛美大型遠程客機到達馬尼拉時，全世界都為這一巨大的成就歡呼。而 1945 年，每天有幾百架飛機飛越太平洋，卻沒有人對此大驚小怪了。

至於日本，它已經被打敗了，它的當權者也知道這一點。蘇聯準備加入對日戰爭，為這場戰爭增添他們的力量，他歡迎這種變化。「蘇聯士兵每犧牲一個就意味著美國可以少犧牲一個。」蘇軍將殲滅日軍部署在滿洲的兩個野戰集團軍，他不希望衝突的時間持續太長。記者們回到他們的辦公室，而來自華盛頓的消息剛剛透過電傳打字機傳來：廣島已經被一顆原子彈炸毀了。

然而直到此刻，代表日本政府的 6 位軍官實際上絕拒投降。他們認為美國的入侵太血腥、太恐怖了，因此美國當然應該向他們提出更好的投降條件。在無記名投票表決中，他們投票主張繼續戰鬥。

兩天後，8 月 8 日，蘇聯向日本宣戰。史達林不想在瓜分太平洋戰爭的勝利果實時被排除在外。8 月 9 日，美國在長崎投放了第二顆原子彈。日本戰時內閣投票結果是 3 比 3，日本天皇自 1941 年來首次發表意見。他建議他的政府尋找投降的途徑。

8 月 15 日，麥克阿瑟被任命為盟軍最高司令官，也就是說由他接受日本投降。他不想私下處理這一事件，不像艾森豪那樣，允許德國在上午很早的時候，在一間陰暗的普通教室裡向

他投降。麥克阿瑟想要一個儀式，要舉辦一個盛大的有紀念意
義的儀式，讓全世界都能看到。海軍對讓他接受投降的事不太
高興，但是在「密蘇里號」戰艦上舉行這一儀式有助於撫慰他們
受傷的自尊心，還肯定會讓哈里・杜魯門高興。總統的女兒瑪
格麗特曾為這個重達 45 萬噸的龐然大物剪綵下水。9 月 2 日這
一天，在「密蘇里號」軍艦上，麥克阿瑟身為美國的全權代表，
與中國、蘇聯、英國等代表一起，接受了日本的正式投降。全
世界終於迎來了它短暫的沒有硝煙的和平日子。

電子書購買　　爽讀 APP

國家圖書館出版品預行編目資料

請叫我軸心國終結者：打敗希特勒、遠東戰役
指揮、收復馬尼拉、掃蕩地中海⋯⋯二戰最英
勇的元帥，開啟世界和平的時代！ / 潘于真，
馬夫 著 . -- 第一版 . -- 臺北市：崧燁文化事業有
限公司 , 2023.11
面；　公分
POD 版
ISBN 978-626-357-823-4(平裝)
1.CST: 軍人 2.CST: 世界傳記 3.CST: 第二次世
界大戰
781　　　　112018152

請叫我軸心國終結者：打敗希特勒、遠東戰役指揮、收復馬尼拉、掃蕩地中海⋯⋯二戰最英勇的元帥，開啟世界和平的時代！

臉書

作　　者：潘于真，馬夫

發 行 人：黃振庭

出 版 者：崧燁文化事業有限公司

發 行 者：崧燁文化事業有限公司

E - m a i l：sonbookservice@gmail.com

粉 絲 頁：https://www.facebook.com/sonbookss/

網　　址：https://sonbook.net/

地　　址：台北市中正區重慶南路一段六十一號八樓 815 室

Rm. 815, 8F., No.61, Sec. 1, Chongqing S. Rd., Zhongzheng Dist., Taipei City 100,
Taiwan

電　　話：(02) 2370-3310　　　傳　　真：(02) 2388-1990

印　　刷：京峯數位服務有限公司

律師顧問：廣華律師事務所 張珮琦律師

定　　價：330 元

發行日期：2023 年 11 月第一版

◎本書以 POD 印製

Design Assets from Freepik.com